Children

应用型学前教育专业系列教材

丛书主编　蔡迎旗

本书是国家卓越幼儿园教师培养计划改革项目“中澳合作办学——国际性卓越幼儿园教师培养模式探索”的研究成果

学前教育专业保教实习指导手册

顾　问　夏宇虹

主　编　卓　萍　汤晓宁

副主编　杨素苹　王荷香　金东波

编　委　向　华　王　晶　佘　婕　辛红萍　杨　丽　沈　洋　李　俊　王秀丽　赵红杰　胡　沙

WUHAN UNIVERSITY PRESS
武汉大学出版社

编写委员会名单

（按姓名音序排列）

总　序

幼儿教师是幼儿学习与发展的支持者、促进者与引导者。幼儿教师的素质直接决定着我国幼教机构的办学水平，也是保障我国适龄儿童接受基本而有质量的学前教育的关键性因素。而高质量的幼教师资来源于高水平的学前教师教育。为顺应我国学前教育事业发展的迫切需求，2011 年至 2012 年，我国先后颁布了《教师教育课程标准（试行）》和《幼儿园教师专业标准（试行）》，幼儿园教师资格制度和聘任制度也随之进行了系列急剧变革与转型。

我国教师职前教育倡导育人为本，要求准教师们树立正确的儿童观、学生观、教师观与教育观；奉行实践取向，引导未来教师主动建构教育知识，掌握必备的专业知识与技能，发展实践能力，学会发现和解决实际问题，形成个人的教学风格和实践智慧；要求他们终身学习，树立正确的专业理想，养成独立思考和自主学习的习惯，加深专业理解，形成终身学习和应对挑战的能力。

我国学前教师教育课程改革既具有一般教师教育所具有的共性，也具有鲜明的学前教育特色，这彰显了学前儿童的年龄特征和我国独树一帜的学前教师教育的传统与积淀。当前，我国学前教师教育课程已呈现如下五种趋势。

第一，生动多样的师德与理念教育。除必要的公共政治课程以外，国家要求各级各类幼师院校突出师德修养教育，采取多种生动活泼的教育教学方式，提升准幼儿教师的师德修养。如开设幼儿园教师专业特点与道德规范、中国名师风采录、幼儿教师生涯讲座、学前教育政策法规、现代幼儿园教师职业风范与专长成长等课程。

第二，保教相融的课程体系。依据幼儿园教师专业标准，遵循教师培养和发展规律，以加强专业理想、专业基础、实践能力、反思与研究能力为核心，构建保育与教育相融合、幼儿园与家庭和社区教育相结合、幼儿生活与游戏和学习于一体的课程体系，用以培养准幼儿教师的保教一体化的能力。

第三，全面平衡的课程结构。我国正通过幼儿园教师资格制度、聘任制度、评优评先制度等的改革，倒逼各级各类幼师院校与专业，促使其纠正以往过分偏重艺术技能而相对忽视人文科学类课程、教育素养类课程的倾向，注意课程结构中的师德理念、人文素养、科学素养、信息素养、教育素养、艺体素养、科研素养等的协调与平衡。

第四，实践取向的课程内容。为培养准幼儿教师的教育教学能力，许多幼师院校与专业开设了大量务实的实践取向课程。如幼儿园五大领域的活动设计和案例分析类课程、幼儿园环境布置与玩教具制作、动漫画设计技术、音乐、美术、戏剧等方面的课程。

第五，模块式的课程设计。我国各类幼师院校与专业正竭力打破学前教育学、学前心理学、幼儿园各科教学法“老三门”的课程结构体系，开设模块化的、开放的、专题性的学前教育课程。基于学前教育专业各类人才培养目标，合理配置各课程模块，如音乐教育模块、美术教育模块、健康教育模块、特殊教育模块等。通过设先行课，将学生导入不同模块课程，引导学生多样化、有个性地发展。

以上学前教师教育课程改革已对我国原有的传统意义上的大中专学校的教材和教辅资料提出了严峻挑战，要求学前教育同仁务必更新教学资源观、教师教育观和学前教师观，依据我国幼儿园教师专业标准和教师教育课程标准，遴选课程并合理设计教材。

本套基于《教师教育课程标准（试行）》的“应用型学前教育专业系列教材”，正是应我国学前教师教育改革的时势而生，充分体现了以上提及的学前教师教育课程改革的五种发展趋势。适用于大中专学校的课程与教学，也可作为学前教育爱好者、相关工作人员的专业拓展学习。本丛书涵盖了学前教育大中专学校绝大多数专业课程；内容具有一定的理论性，更具有实践应用的特征；编写规范与设计务实活泼，知识点和案例穿插其中；丛书的编委遍及全国；作者主要来自华中和华南地区的本、专科院校，他们均具有丰富的教学经验和较好的研究基础。

在本套丛书编写的过程中，我们参阅、借鉴和引用了国内外许多同行的观点与成果。各位同仁的研究奠定了本套丛书的学术基础，在此一并感谢。另外，受水平和时间所限，书中难免有疏漏和不当之处，敬请读者批评指正。

最后，我谨代表本套丛书的所有编委和作者，衷心感谢本套丛书的策划者谢群英编辑和武汉大学出版社的有关领导。他们对学前教育满腔热情，对丛书的未来充满信心，极度地敬业与审慎。出版丛书虽是一项浩大而艰苦的工作，但有谢群英编辑和武汉大学出版社相伴而行，相信梦想终会成真。

蔡迎旗

2015 年 12 月

武汉桂子山·华中师范大学教育学院

前　言

教育实习，是师范教育职前培养过程中不可或缺的重要环节，是在真实的职场体验中提高职业认同感、促进理论知识向实践转化的专业教育过程。所谓“保教实习”，是学前教育专业适应和熟悉幼儿园保育与教育两种岗位职能的统称。幼儿园在保教合一的教育理念指导下，虽分设保育员和专任教师两种岗位，但作为一名合格的幼儿园教师，必须熟悉保教工作的全过程和不同岗位的具体要求。

师范教育历来重视实践教育环节，早在 1936 年，学前领域的教育家陈鹤琴先生就在《新实习》中明确指出：“实习是专业训练必不可少的一门功课。凡是专业性质的学校……对于毕业的学生，都认为非经过实习这门功课不可。”教育实践不仅能够促进综合职业能力的提升，加深学前教育专业学生对专业活动的理解，更重要的是从职业情感上认同他/她对自己身为一名幼儿园教师所具有的意义和价值，在心理上做好包括工作动机、职业理想、专业发展等更加理性的从业准备。因此，教育实习是学前教育专业学生完成由学生向教师角色转换的蜕变过程，也是深化职业认知的重要举措。为保障教育实践的顺利进行，实现教育实习（见习）的专业教育目标，有针对性地做好教育实习全过程的指导工作，我们在多年组织和指导学前教育专业学生教育见习、实习经验的基础上，编写了这本《学前教育专业保教实习指导手册》。

本手册以训练学前教育专业学生保教岗位职业能力为宗旨，以“学前教育专业知识与幼儿园工作岗位能力、实践活动要求与幼儿园教师专业标准、实践教育体验与自身的专业发展”充分对接为目标，以学前教育专业人才培养方案所设计的“职场认知（幼儿园一日活动观察）—保育实习—教育见习—教育实习—顶岗实习”教育实践路径为线索，以操作性文本为基本内容，使得《指导手册》具有鲜明的实用性、系统性和工具性的特点。《指导手册》既是学前教育专业学生三年中不同学期实习过程的记录性手册，又是专业院校实习活动的管理工作指南，同时，又能帮助幼儿园教师了解实习生实践活动的目标和要求，更好地配合专业院校做好实习指导和效果评价工作，是一本具有收藏价值的案头书。

为了增强《指导手册》的收藏价值和实效性，我们在《指导手册》的各个部分融进了学前教育领域的专业知识和幼儿发展的评价性细则，将《幼儿园教师专业标准》、《3—6 岁儿童学习与发展指南》的文本精神贯穿在教育活动的指导要求之中。

《指导手册》的另一个特色是设置了附录部分。附录部分分为五类：附录一，个案观察案例；附录二，教育叙事案例；附录三，幼儿园教学活动设计案例；附录四，幼儿园大型活动方案案例；附录五，家园共育案例。附录内容为实习学生展示了幼儿园各项活动的真实情景。

在整个教育实践的指导和管理过程中，我们主张实行“双导师制”，即专业院校和实习单位各自设置教育实践指导教师，协调配合、共同指导。由高校专任教师和幼儿园骨干教师组成的导师集体，在具体的教育实践活动的指导过程中，形成一个优势互补、相互学习、互相激励的教育实训模式，对促进幼儿园教师的专业成长和专业院校专任教师的教学研究都具有极强的指导意义。

参加《指导手册》编写的作者队伍，除了有高校从事教学法研究的“双师”型骨干教师以外，还有经验丰富的幼儿园管理者，还有在教学岗位上的幼儿园教育专家和名师。本书编写具体分工如下：卓萍、汤晓宁、金东波负责制订全书框架结构和体例；王荷香编写“幼儿园保教实习准备”；杨素苹和王秀丽编写“保教实习的意义和作用”和“保育实习”；王晶和赵红杰编写“学校指导职责”和“幼儿园一日活动观摩”；佘婕和杨丽编写“幼儿园指导职责”、“教育实习”和附录一、附录二；向华编写“教育见习”；辛红萍和沈洋编写“顶岗实习”和附录三、附录四、附录五。杨素苹、卓萍负责全书的统稿、审稿工作；卓萍、汤晓宁、李俊负责最终的校稿和定稿工作；夏宇虹教授和孙凌毅教授全程指导本手册的编写工作。感谢汉阳区机关幼儿园和洪山区实验幼儿园的大力支持。在此，对他们的辛勤付出和艰辛努力表示衷心的感谢。另外，本手册在编写过程中，参考借鉴了相关的教材和资料，采纳和引用了许多研究者的观点，在此特向这些作者表示诚挚的敬意和衷心的感谢。

系统编写学前教育专业实习指导用书，是一种尝试，还存在许多不足和缺憾，恳请各位老师和同学们在使用过程中提出宝贵的意见和建议，帮助我们进一步改进和完善指导手册的体系和质量。

卓萍

2016 年 5 月 28 日于武汉城市职业学院

目　录

理 论 篇

一、幼儿园保教实习准备

实习准备是确保见实习工作顺利开展的重要保证。学前教育专业学生在下园见实习前，一定要做好相应的准备工作。本章重点从认知、能力和心理三方面的准备进行阐述。其中，认知准备是前提，能力准备是基础，心理准备是见实习取得成功的重要因素。

（一）保教实习的认知准备

认知准备是学生在见实习开始前所必须要了解和掌握的基本理念及专业知识，只有掌握了这些基本理念和专业知识，才能引导学生在见实习的过程中产生更符合教育规律的教育行为，从而使其教育行为具有一定的条理性，不会带来不必要的盲目性。基本理念和专业知识主要包含以下几个方面：

1. 树立正确的儿童观、教育观

儿童观是人们对于儿童的根本看法和态度。主要涉及儿童的地位和权利，儿童期的意义，儿童的特点和能力，儿童生长发展的特点和原因等。儿童观是教育观的依据，有什么样的儿童观，就会有什么样的教育观。

教育观是人们对于教育在儿童发展中起着何种作用的根本看法。

正确的儿童观和教育观是判断教师教育行为是否科学合理的主要依据。作为学生，在见实习前，首先要树立以下意识：

(1)生命健康教育为首的意识

人的身体素质是发展其他一切素质的前提和基础。《幼儿园教育指导纲要(试行)》(以下简称《纲要》)指出：“幼儿园必须把保护幼儿的生命和促进幼儿的健康放在工作的首位。”所以，教师应不断为儿童创造安全、舒适、民主、自由、温暖、和谐的生活学习环境，促进其身体、心理获得充分和谐健康的发展。

(2)人本发展意识

《纲要》指出："幼儿园教育应尊重幼儿的人格和权利，尊重幼儿身心发展的规律和学习特点……促进每个幼儿富有个性地发展"。因此，教师是儿童教育和发展的主要责任者，要关心爱护尊重每个幼儿，发扬教学民主，建立民主自由宽松平等的师生关系，"做幼儿学习活动的支持者、合作者、引导者"。

(3)终身奠基意识

《纲要》各领域的目标、内容、要求、组织和实施及教育评价等，均一致地将为幼儿提供终身学习和发展的基础和动力放在了核心位置，要求教师重视对儿童一生可持续发展有长远意义的基本素质的培养。

(4)生活教育意识

《纲要》强调了幼儿园教育的生活性，"在幼儿生活经验的基础上，帮助幼儿了解自然环境与人类生活的关系"。所以，教师设计的教育内容要"贴近幼儿的生活来选择幼儿感兴趣的事物和问题"；教育目标的达成寓于幼儿一日生活各环节之中。

(5)创造性意识

未来需要开拓型、创造型人才，所以培养幼儿积极创造、主动创造的意识和能力是新世纪教育的根本任务。为此，教师要重视保护幼儿的好奇心、激发求知欲，培养幼儿丰富的想象力，为幼儿创造力的成长奠定坚实的基石。

在组织幼儿活动的过程中，还应注意以下几点：

(1)关注幼儿学习与发展的整体性。儿童的发展是一个整体，要注重领域之间、目标之间的相互渗透和整合，促进幼儿身心全面协调发展，而不应片面追求某一方面或几方面的发展。

(2)尊重幼儿发展的个体差异。幼儿的发展是一个持续、渐进的过程，同时也表现出一定的阶段性特征。每个幼儿在沿着相似进程发展的过程中，各自的发展速度和达到某一水平的时间不完全相同。要充分理解和尊重幼儿发展进程中的个别差异，支持和引导他们从原有水平向更高水平发展，按照自身的速度和方式到达《3—6岁儿童学习与发展指南》(以下简称《指南》)所呈现的发展"阶梯"，切忌用一把"尺子"衡量所有幼儿。

(3)理解幼儿的学习方式和特点。幼儿的学习是以直接经验为基础，在游戏和日常生活中进行的。要珍视游戏和生活的独特价值，创设丰富的教育环境，合理安排一日生活，最大限度地支持和满足幼儿通过直接感知、实际操作和亲身体验获取经验的需要，严禁"拔苗助长"式的超前教育和强化训练。

(4)重视幼儿的学习品质。幼儿在活动过程中表现出的积极态度和良好行为倾向是终身学习与发展所必需的宝贵品质。要充分尊重和保护幼儿的好奇心和学习兴趣，帮助幼儿逐步养成积极主动、认真专注、不怕困难、敢于探究和尝试、乐于想象和创造等良好学习品质。忽视幼儿学习品质培养，单纯追求知识技能学习的做法是短视而有害的。

2. 掌握基本的教育专业知识

(1)掌握“教什么的知识”

教师应该知道教育工作中要“教什么”，也就是关于“教育内容”的知识。“知识”既是教师专业工作的“载体”，又是教师专业工作的基本内容。为此，教师首先要系统地掌握一定的“学科知识”，如学科基础知识、知识的背景、知识获取的方法、知识的新发展等；其次，教师要掌握“学科知识”是如何体现在课程中的知识，即“课程知识”；再次，随着学科发展的综合化趋势，教师还应该具有“整合的知识”，即除了系统的某一学科知识之外，还应有跨学科知识。

(2)掌握“如何教的知识”

“如何教”是教师要掌握的教育方法。这需要教师掌握关于教育工作的“原理性知识”，如学前教育学、学前儿童心理学等一般原理；还要具有对“具体教育情境”的认识，也就是教师对“现实社会环境”、“特定教育对象”等的具体判断。教师只有掌握教育的基本原理，对具体教育情境具有正确的判断，才知道“如何教”，更重要的是知道为什么“这样教”。

（二）保教实习的能力准备

能力主要指幼儿园教师所应具备的专业能力。专业能力是对幼儿园教师基本能力的要求，是引领幼儿园教师专业发展的基本准则，是幼儿园教师培养、准入、培训、考核等工作的重要依据。专业能力要求学生在见实习的过程中能把所学的学前教育理论与保教实践相结合，提高学生的保教实践能力；能在实践的过程中注重研究幼儿，遵循幼儿成长规律，提升保教工作的专业化水平；能在实践过程中坚持实践、反思、再实践、再反思，不断提高自身的专业能力。对于见实习生来说，主要从以下几个方面做好准备。

1. 观察与了解幼儿的能力

幼儿教育的对象是幼儿，作为幼儿教师，必须具备观察和了解自己教育对象的能力。观察了解儿童是实施教育的前提，教师须结合儿童的身心发展规律和年龄特点，全面正确地分析、诊断本班幼儿各方面发展水平和学习特点；通过与儿童的交往、生活、活动等，敏锐地觉察、把握孩子的需要和兴趣，确立孩子的“最近发展区”，有效地实施教育策略和方法。

2. 环境创设与游戏组织实施能力

环境是重要的教育资源和儿童发展的条件，儿童是在与环境的相互作用中成长、变化的。为此，教师应创设健康、丰富、有趣、充满关爱、温暖、尊重、支持的幼儿学习生活和发展环境。这是教师教育实践能力极其重要的组成部分。

游戏是幼儿的天性，是幼儿最喜欢的一种活动形式。幼儿教师要具备设计与实施游戏的能力，表现为能创设符合幼儿兴趣需要、年龄特点和发展目标的游戏条件；能提供丰富、适宜的游戏材料；能鼓励支持幼儿主动、创造性地开展游戏活动，从而引导幼儿获得身体、认知、情感、社会性等多方面的发展。

3. 设计组织教育教学活动及课程整合能力

为实现教育目标，教师应"制定切实可行的工作计划并灵活地执行"，有效地整合各来源的教育内容，组织丰富多彩、生动有趣的一日活动。在确保面向全体和幼儿全面发展教育的基础上，实施个性化的因材施教，满足幼儿的不同需要和兴趣。根据各领域课程特点，灵活运用间接指导和直接指导相结合的方法，灵活地组织引导幼儿进行发现学习和接受学习。

4. 教育创新能力

《纲要》指出："教育活动的组织与实施过程是教师创造性地开展工作的过程。"这给过去习惯于遵从拿来主义的幼儿园和教师以极大的挑战，同时也给了教师发挥创造性的机遇。教师需要解放思想，大胆尝试，探索更加切实有效的幼教课程、教材、办学形式、环境条件和全面发展教育基础上的特色教育，不断丰富扩展早期教育形式、内容和方法，开辟新的教育途径，机智地抓住日常生活中孩子感兴趣或关注的事物作为活教材生成课程，组织随机教育活动，满足其发展的需要。教师"创造性地开展工作"还包括积极参与园本课程建设和教材开发，形成有特色的学校园本课程模式。当今，是否具有课程建设及教材开发能力，将成为衡量幼儿园和教师教育创新能力的一个重要指标。

5. 教育科研能力

幼儿教师作为一线教师，要学会运用先进的教育理论，针对教育教学适宜性、正当性、效益性进行批判性反思；运用教育科研的基本方法，对教育教学过程中的难题、困惑，运用教育理论进行理性思考，探索问题、现象产生的成因、条件及解决途径、措施等。最终将反思中的行为认识及相关理论建构整合进自己的教育理念中，形成教育能力，逐渐地成长为技能型、发展型教师。

6. 教育评价能力

教育评价包括教育工作评价和幼儿发展评估两个方面。幼儿教师作为评价人员之一，要会“运用专业知识审视教育实践，发现、分析、研究、解决问题”；会“综合采用观察、谈话、作品分析”等方法，“自然地伴随着整个教育过程”对幼儿的发展进行评价。

7. 现代教育技术运用能力

多媒体技术可以帮助教师有效地扩展教育空间，缩短时空距离，增大教育信息量，使教学活动更生动、直观、形象，吸引幼儿，提高教学效率。所以，作为一名现代教师，必须熟练掌握运用计算机技术为教育教学服务，扩展自己的教育能力。

8. 家园合作、交流协调能力

当代教师须本着尊重、平等、合作的原则，采取各种方式与家长、社区交流互动，获得家长、社区理解、认可、支持和有效帮助；通过多种形式、途径向社区、家庭提供早期教育服务，实现社区教育资源和幼儿园教育资源的共创共享。构建优质幼儿教育的强大合力体系，提高教育成效。

（三）保教实习的心理准备

实习时，学生要从一名在校学生转变为一名“准幼儿教师”，要熟悉和适应社会角色、生活学习环境及学习内容等诸多变化。因此，保教实习之前的心理准备尤为重要。

1. 转换角色

作为一名学前教育专业学生，在实习前仍属于学生角色。保教见实习是从学生角色到教师角色的尝试。因此，角色转换成为实习生活的第一课。

(1)尽快适应新环境

初次进入幼儿园，环境发生了很大的变化，开始有工作的压力，承担的责任，独自面对的困难，工作中的委屈，成功的喜悦和失败的气馁……种种不适应、各种新问题可能会接踵而来。学生在实习前要做好充分的思想准备，保持积极的心态，尽快适应新环境。

(2)尽快适应新角色

学生在见实习前要了解幼儿教师的职责和要求，做好心理准备，尽快适应新的角色，接受幼儿教师角色的规范和行为模式，并按照教师角色要求自己，处理好各种关系，努力成为幼儿学习活动的支持者、合作者和引导者。

2. 甘于吃苦

见实习是一件“苦事情”。学生在见实习前，必须充分地认识到：幼儿园的工作是琐碎和平凡的，同时也是复杂多变的。幼儿教师既担负着对幼儿实施全面发展教育的任务，又担负着对幼儿养护、保育和照料生活的任务。在幼儿园，教师不仅要照料幼儿的生活起居，饮食睡眠，还要组织幼儿开展教学、游戏，户外运动等各项活动。还要通过创设与幼儿发展相适应的环境，通过对幼儿一日活动的组织和指导，促进幼儿的全面发展。可以说，幼儿教师在幼儿园同时担负着妈妈、老师，伙伴等多重角色，即幼儿教师是：生活照顾者、行为观察者、课程建构者、活动指导者和资源整合者。幼儿教师角色的多重性决定了幼儿教师劳动的繁重性，这也是幼儿教师区别于其他教师的特点。所以，学生在见实习前要做好吃苦的思想准备。见实习过程中要主动勇挑重担，对待工作要一丝不苟，不拈轻怕重，不怕脏怕累，要眼勤、手勤、脚勤、嘴巴勤，要脏活累活重活抢着干。

3. 自尊自信

自尊自信是现代人必须具备的个性特征。学生在见实习的过程中，会碰到很多困难和挫折，如组织活动时无从下手、幼儿不听指挥等。由于缺乏实践经验和应有的技巧，往往会对自己的能力和知识产生怀疑，甚至开始畏惧或厌烦幼儿教师这个职业。见实习生要对自己充满信心，每一位幼儿教师都会经历一个成长的过程，需要有经验和技巧的积累。只要有信心，就一定能成为一名优秀的幼儿教师。同时，自尊自信的教师也会给幼儿树立一个良好的模仿榜样，使幼儿在潜移默化中学习到这个良好的个性品质。

4. 调控情绪与情感

见实习生应该具有稳定良好的情绪。见实习生进入幼儿园就是一名幼儿教师。那么教师的情绪是如何直接影响幼儿的呢？教师作为一个有血有肉的个体，难免会有烦恼和痛苦，但作为幼儿教师，如果将一些消极情绪带进幼儿园，就会影响幼儿的情绪和幼儿的发展，因为孩子的心灵是脆弱敏感的。教师要时刻意识到不良情绪给孩子造成的不良影响，应保持开阔的心胸，善于调节、控制自己的不良情绪，在幼儿面前始终保持稳定、良好的情感。

5. 聪慧的认知能力

见实习生应该认识到：幼儿教师应该心思敏捷，具备良好的认知能力和敏捷的反应能力。只有具备这种能力，才能在各种问题面前冷静地处理，没有良好的认知能力，是无法胜任幼儿教师这一职业的。

6. 乐于接受新事物的良好心态

作为新时代的幼儿教师，面对迅猛变革的学前教育发展态势，必须要有良好的心态去接受它、面对它。这些心态主要包括：乐于接受没有经历过的生活和思想方式；准备接受学前教育发展的变革，更新观念、开阔思路、解放思想；从技能型教师向能力型、科研型转变，不断地提高思维能力、规划能力、合作能力、交流能力、组织能力、解决问题的能力。

7. 善于合作

幼儿园的工作是一件复杂的工作，需要幼儿园内的工作人员相互合作，各司其职，各尽其能，齐心协力来完成。见实习生要学会与其他教师交流沟通，互相配合，共同教育幼儿。

8. 良好的自我形象和个性品质

幼儿虽然年龄小，但也喜欢美好的形象。在幼儿心中，老师的形象是无比高大的，老师是幼儿学习的榜样，是幼儿敬仰和崇拜的对象，老师的位置往往在父母之前。教师的每一句话、每一个行为都会给孩子留下深刻的印象和潜移默化的影响。教师的仪表是赢得幼儿信任和尊敬的第一步，因此教师要注意自己的仪表和举止。举手投足和仪表穿着都要注意。具体要求如下：

(1)举止文雅

举止温文得体，不失教师风度，适当修饰自己，保持整洁、优雅的形象。

在幼儿园内遇到各种冲突时，以礼相待，不做失礼之事。

注意个人卫生，办公物品按要求摆放整齐，室内清洁，不乱扔废弃物。

不在幼儿园内吃零食。

(2)仪表端庄

衣着整洁大方，高雅自然，符合教师形象，不花枝招展，不奇装异服，不穿露透和过短服装。

不浓妆艳抹，在幼儿园不佩戴金银珠宝饰物或其他奇特饰物。

皮革光洁，穿鞋干净，不穿高跟鞋。

不留长披肩发，不染发，不留怪发型。

(3)语言文明

语言恭谦，表情友善和气。

谈吐文雅，不使用粗俗语言，不恶语伤人。

说话语气得体，语调适中，说话时注视对方，以示尊重。

多用请、谢谢、对不起等礼貌用语。

(4)礼貌待人

真诚待人，接待家长和客人时做到热情主动，笑容可掬。

同事间相互尊重，和睦相处，不猜忌，不背后议论他人，不传个人隐私。

尊重幼儿，不体罚和变相体罚幼儿。

二、保教实习的意义和作用

（一）保教实习的目的

保教实习是学前教育专业课程体系的重要组成部分，也是重要的专业实践课程，是学前教育专业的必修课程。学前教育专业学生从入学就开始了分时段、分学期到幼儿园参加包括一日活动观摩、保育实习、教育见习、教育实习和顶岗实习在内的一系列保教实习课程学习。

保教实习的主要目的是帮助学生树立幼儿教师良好的职业道德及科学的专业思想，使学生熟悉并掌握幼儿园一日保教工作的内容、工作任务、工作流程和工作方法，并通过系列见实习实现独立开展一日保教工作的目标。具体目标如下：

①使学生在幼儿园的真实情境中，了解幼儿园保教工作的特点，体验富有童趣的环境氛围，使学生形成观察幼儿的习惯，培养学生关心幼儿、了解幼儿、研究幼儿的能力，形成尊重幼儿、热爱幼儿、理解幼儿的教育观念，激发学生对幼教事业的热爱。

②使学生熟悉幼儿园一日工作流程，明确幼儿园保教人员工作的意义；掌握幼儿教师和保育员等不同岗位的工作职责、工作任务、工作内容、工作流程、工作形式和工作方法。

③使学生通过观察、实践、反思等方法，学习幼儿保教工作的基本规范，并把所学的专业理论和基本技能运用于实际教育工作中。学生通过在校学习系列专业理论课程如《学前卫生学》、《学前心理学》、《学前教育学》、《幼儿园游戏》及专业教学法等知识，然后再把所学的知识运用到实际保教工作中，实现“做中学”、“学中教”、“教中提高”的目的。具体需要学生掌握的主要技能有：学习护理和组织幼儿日常生活的技能，增强保教观念；了解幼儿的生理特点，了解幼儿园各项活动中的卫生要求和各项卫生保健工作的内容、基本要求和实施情况；掌握幼儿疾病预防及

紧急伤害处理及救助等技能；了解和掌握学前儿童心理发展的特点和规律以及促进学前儿童心理发展的基本方法和技能，促进幼儿心理发展；能够独立开展集体教学活动、指导幼儿开展游戏活动、户外活动及大型活动的技能；学会和幼儿及家长进行交流等。

④在实践中学习、领会和践行《3—6岁儿童学习与发展指南》及《纲要》的精神，树立科学的儿童观和教育观。

⑤了解当前幼儿园保教工作的实际情况、发展方向及其对幼儿教师的素质要求，以促进学生明确努力方向，强化专业思想和专业意识，为以后的专业学习奠定思想基础。

（二）保教实习的意义和作用

保教实习在学前教育专业课程体系中占有重要地位，对贯彻幼儿园“保教结合”原则、践行“专业与职业岗位对接，专业课程内容与职业标准对接，教学过程与生产过程对接”等职业教育理念具有重要现实意义。本课程与其他专业课程，尤其是与《学前卫生学》、《学前心理学》、《学前教育学》、《幼儿园游戏》和专业教学法等专业理论课程衔接紧密，保教实习立足将专业知识、理论与岗位实践结合，共同促进学生专业成长。

通过保教实习，使学生掌握幼儿园一日生活基本流程；掌握保教人员在幼儿园一日生活活动、户外活动、学习活动和游戏活动中需要完成的基本工作任务、工作内容和工作方法；掌握观察、了解和研究幼儿的基本方法；能够将《学前卫生学》、《学前心理学》、《学前教育学》等课程的相关知识、原则、方法、理念等运用于指导幼儿身心发展的实践当中，积累初步的实践经验，并能够印证理论的科学性，使学生认识到专业理论积淀的重要性。保教实习是学生将学前教育理论与实践相结合的重要尝试，对进一步树立学生专业意识、形成专业思想和培养专业能力具有重要作用，也为学生后续的专业学习奠定扎实的基础。

三、学校指导职责

（一）学校管理职责

①到园区实习时，至少提前两周联系幼儿园，确定幼儿园有时间和能力接待。根据幼儿园开设班级的数量和不同班级的学生人数，计划安排适宜的学生班级与幼

儿园。

②召开保教实习讲座和实习动员会议，使学生提前了解幼儿园的管理模式和幼儿教师的工作规范。强调对个人仪容仪表的要求，言行举止要符合一名未来的幼儿教师；强调出行的交通安全、财产安全，在外就餐的食品安全等问题；强调要严格遵守幼儿园的各项规章制度，加强纪律性；动员学生发扬"吃苦耐劳、艰苦奋斗"精神，进行职业道德教育；强调实习的有效性，进行专业教育。

③召开学校指导教师会议。制定并公布学校指导教师《下园指导安排表》，每半天为一个单位，每个幼儿园每天至少保证有一位学校指导教师到园进行指导。分发实习指导记录本、下园日志和总结表，强调下园指导的重要性和对学生指导的重点要求。

④邀请各个实习幼儿园的园长来学校，参加保教实习工作对接会议，明确保教实习的目的、意义和具体安排。各班班主任和班长，要与相对应的幼儿园园长进行沟通，确定实习生到园及离园的时间，商议具体实习内容的安排落实问题，确定幼儿园实习工作相关负责人。

⑤各班召开实习前的主题班会，强调出行的交通安全、财产安全，在外就餐的食品安全等问题，严格遵守幼儿园的各项规章制度，加强纪律性；根据幼儿园开设班级的数量，对本班学生进行分组，确定每个小组的负责人；与班干部一起安排好学生见习期间的交通、就餐等生活问题；确定保育实习期间学生负责人，协助班主任随时了解学生实习情况，及时向双方指导老师反馈学生需求。

（二）学校指导教师职责

①态度认真，作风严谨，关心学生，严格管理，为人师表。指导教师须根据学校统一安排按时下园，每半天为一个单位，检查学生出勤和纪律情况。

②指导并督促学生贯彻保教实习计划，根据幼儿园工作要求具体指导学生做好幼儿园保教实习工作，督促学生做好观察记录、实习日记等相关实践作业，对学生保教实习做具体指导。

③做好学生保教实习的组织和管理工作，全面关心学生的安全、思想成长、生活、纪律、业务能力等，鼓励学生克服困难，端正工作态度，巩固其专业思想。

④及时发现和宣传保教实习中的好人好事；实习期间发现各类问题，及时与园领导和幼儿园指导老师协商解决。

⑤完成学校规定的下园指导任务，做好听课记录，配合幼儿园指导老师组织学生评议。

⑥保教实习结束后，根据实习生在实习期间的思想表现和业务能力、实习效果，为实习生评定等级，并且将实习指导记录本、下园日志和总结表等上交教

学办。

⑦征求和反馈幼儿园对学校保教实习工作的意见和建议。

四、幼儿园指导职责

（一）幼儿园管理职责

为进一步加强保教实习管理，圆满高效地完成实习任务，特明确幼儿园管理职责：

①幼儿园依据学校相关介绍说明等有效证件对实习生进行登记备案。

②对本园教职工做好接待实习生的思想动员，落实实习班级，确定实习指导教师。

③向实习生和学校指导教师介绍幼儿园基本情况，让实习生了解园所文化特色。

④具体安排实习时间，协助解决实习中遇到的问题，为实习生提供个性化的指导。

⑤对学校的人才培养、教育教学、教育实习等工作提出合理化意见或建议。

⑥实习期满，实习单位负责对教育实习学生做出书面鉴定，收集整理相关资料。

（二）幼儿园指导教师职责

①了解实习生学习需求，指导其制订“实习计划”。

②充分利用本园资源，为实习生提供个性化指导。

③引导实习生了解园所作息时间、一日活动安排等。

④定期检查实习生上课、说课、评课、课例开发等教研活动，发现问题及时沟通、解决。

⑤指导实习生做好家园联系工作，转变自身教育观念的同时转变家长教育观念。

⑥帮助实习生妥善处理好实习中出现的突发事件，负责学生考勤。

⑦根据实习生实际表现完成实习评语，做出书面鉴定。

⑧做好实习活动过程性资料的收集与整理。

五、实习生守则

①实习生应当严格遵守学校和实习单位的规章制度，服从管理，遵守职业道德。

②虚心接受双方领导和老师的指导，尊重双方领导和老师，虚心向他们学习。

③工作认真负责，按要求备课，写好观察记录、保教笔记和实习总结。

④严格遵守实习园的规章制度。实习期间，必须按时上下班，不准无故请假和旷工，不准外宿和到校外上网。遇有疾病或其他特殊情况须按规定办理请假手续，并上报给班主任。

⑤严格遵守教师职业道德，以身作则，谦虚谨慎，团结互助，仪表端庄，举止文明；衣着服饰整洁大方，关心、热爱幼儿，不得体罚和变相体罚幼儿。由于违反幼儿园管理规定或因为品德表现等原因被实习幼儿园退回学校，则视为实习成绩不合格。

⑥在实习期间，原则上不得擅自离开或者调换实习幼儿园，若有特殊情况需调换实习幼儿园，需经学校及实习单位协商解决。

⑦不得自行在外联系住宿，一般不得请假，确需请假，要经实习单位、指导教师批准，否则按旷课处理。

⑧学生实习期间，应当积极主动与学校、指导教师、辅导员、实习单位指导老师及家长保持紧密联系，并按要求认真填写实习总结，完成各类实习任务。

⑨注意人身安全、饮食安全、交通安全！

实 践 篇

任务一 幼儿园一日活动观摩

（一）幼儿园一日活动观摩的内容与要求

①通过半日活动观摩，使学生在幼儿园的真实情境中，感受幼儿园教育的特点和富有童趣的环境氛围，激发学生对幼儿的喜爱和对幼教事业的热爱。

②要求学生对“幼儿教师”和“保育员”进行职业观察，初步了解他们的职业性质和工作的主要内容，提高对未来职业的认知度。

③了解幼儿园一日生活各个环节的安排，对幼儿园保教活动内容与组织形式有初步的了解和感知，能够正确区分幼儿园教育与中小学教育的差异。

④引导学生了解当前幼儿园对幼儿教师的职业素质要求和岗位需求，思考学前教育专业的特点，为今后的专业学习打好基础。同时，激发学生学习专业课的愿望，明确学习方向。

⑤提高学生的环境适应能力，增强社会实践，为学生将来进入幼儿园工作奠定良好的心理基础。

（二）幼儿园一日活动观摩任务表

①下园前，抄写观摩班级的幼儿一日生活作息时间表（表 1-1），提前了解幼儿园一日生活中各个环节的时间和内容。

②通过在幼儿园的一日观摩活动，观察并记录填写表 1-2 和表 1-3。

③幼儿园一日活动观摩结束后，谈谈个人的观摩体会与感想，完成表 1-4。

表 1-1 **幼儿一日生活作息时间表**

时 间	内 容

表 1-2

幼儿园一日活动观摩记录

幼儿园名称：____________　观摩班级：____________　幼儿人数：____________人

观摩时间：____年____月____日　幼儿教师及保育教师：________、________、________

活动类别	活动环节	教师工作	保育员工作	幼儿表现	个人评价
生活活动	入园				
	盥洗				
	进餐				

续表

活动类别	活动环节	教师工作	保育员工作	幼儿表现	个人评价
生活活动	如厕				
	饮水				
	睡眠				
	离园				

续表

活动类别	活动环节	教师工作	保育员工作	幼儿表现	个人评价
户外活动	集体活动				
	自选活动				
学习活动	准备活动				
	实施活动				

续表

活动类别	活动环节	教师工作	保育员工作	幼儿表现	个人评价
游戏活动	有组织的游戏				
	自主游戏				

表 1-3　**幼儿园教育活动评析记录表**

<table>
<tr><td>活动名称</td><td colspan="3"></td></tr>
<tr><td>活动目标</td><td colspan="3">1.
2.
3.</td></tr>
<tr><td colspan="2">活动过程(教师指导)</td><td>幼儿表现</td><td>建议</td></tr>
<tr><td colspan="2"></td><td></td><td></td></tr>
<tr><td>评价</td><td colspan="3"></td></tr>
</table>

表 1-4 **幼儿园一日活动观摩感想**

题　目	个人体会与感想
1. 在参观幼儿园之前，你对幼儿园有何认识？	
2. 在幼儿园观摩的过程中，给你留下最深刻印象的是什么？	
3. 在幼儿园半日活动观摩之后，你对幼儿园有什么新的认识和看法？	
4. 你觉得幼儿园教师应该具备哪些基本素质和能力？	
5. 作为一名未来的幼儿教师，你的幼师生阶段的学习目标是什么？	

任务二　保育实习

保育实习工作是在掌握学前儿童生理和心理发展特点和发展规律的基础上，努力践行对学前儿童进行科学保育的理念。完整的保育实习工作共分为两部分：一是保育见习；二是保育实习。具体内容及要求如下：

（一）保育实习的内容与要求

①了解幼儿园保育工作的具体措施及相关规章制度；了解实习班级及幼儿的基本情况；了解该班卫生保健工作计划与具体措施；了解幼儿的健康状况及病弱儿的护理方法。

②熟悉小朋友的姓名，观察幼儿言行，了解幼儿年龄特点。

③熟悉幼儿园一日生活各个环节的名称和时间段，记录各环节所需做的保育工作的内容。

④观察保育员和教师在一日生活各个环节中的保育工作内容，熟悉来园、离园、盥洗、饮食、睡眠、户外活动、教学活动、游戏活动中保育工作的内容、要求和程序。重点观摩一日活动各环节中，教师和保育员的基本岗位职责和岗位任务是什么？工作流程是什么？采用什么方法完成任务？并进行详细的记录和分析。

⑤根据指导教师的要求，在指导教师的帮助下，尝试进行幼儿园一日保育工作，并通过反思按要求做好保育作业。

⑥熟悉并尝试初步独立完成保育员岗位工作流程、工作任务和工作方法，其工作范围应涵盖幼儿一日生活的各个环节，包括生活活动、户外活动、学习活动和游戏活动，具体流程、要求、方法等，见表 2-1。

表 2-1　保育员工作基本要求

活动类别	活动环节	保育员工作基本要求
生活活动	入园	1. 提前做好开窗、通风、换气、采光、打扫室内卫生、消毒、早餐、供水等准备工作，保证环境整洁，空气清新，确保物品和饮水安全 2. 协助教师做好晨间接待，必要时与家长进行交流 3. 帮助或指导幼儿整齐地摆放好个人物品

续表

活动类别	活动环节	保育员工作基本要求
生活活动	盥洗	1. 为幼儿准备温度适宜的流动水 2. 指导幼儿洗手、漱口的正确盥洗方法 3. 照顾能力较弱的幼儿 4. 做到幼儿用品专人专用，及时洗净，定期消毒、更换 5. 及时保持地面干爽和清洁
	进餐	1. 做好餐前餐后和进餐用具消毒、清理等工作 2. 了解全班幼儿进食量，分餐时要照顾有特殊需要的幼儿 3. 指导幼儿文明进餐，及时纠正幼儿不良的进餐习惯 4. 提醒幼儿餐后擦嘴、漱口和洗手 5. 保证幼儿充裕的就餐时间，一般以 20~30 分钟/餐为宜。进餐时不催促幼儿 6. 注意进餐安全，保证食物温度适宜
	如厕	1. 保持厕所通风，随时清洗，做到清洁、无异味，并定时消毒 2. 准备好卫生纸，方便幼儿随时取用 3. 指导幼儿整理衣裤，及时处理遗尿、遗便情况，耐心更换、清洗衣物 4. 观察记录幼儿大便情况并向家长反馈，发现异常及时与家长交流 5. 及时保持厕所地面干爽和清洁
	饮水	1. 做好饮水前的准备工作。每天清洗消毒水桶、水杯。提供温度适宜、质量有保证的饮用水 2. 照顾身体不适幼儿，根据需要提醒幼儿增加饮水次数 3. 提醒幼儿注意接水时的安全，以防热水烫伤
	睡眠	1. 提供幼儿一人一床（位）一被，保持床上物品清洁、卫生并定期进行清洗、消毒或更换 2. 做好睡眠前后的准备和整理工作 3. 检查幼儿床上有无异物，杜绝安全隐患 4. 每天定时消毒睡眠室，并做好消毒记录 5. 做好防寒、避暑、防蚊工作 6. 如保育员值班参见教师指导要求

续表

活动类别	活动环节	保育员工作基本要求
生活活动	离园	1. 协助教师做好幼儿离园前的准备工作 2. 配合教师组织幼儿安全离园 3. 全面做好班级卫生清洁工作 4. 定时对活动室、睡眠室进行消毒，关好门窗、水电，并做好记录
户外活动	集体活动	1. 协助教师做好开展户外活动的准备工作 2. 活动中，注意观察并根据需要及时为幼儿增减衣物，并为出汗幼儿及时添加毛巾 3. 协助教师开展户外活动，做好安全防范
	自选活动	1. 协助教师做好户外活动的相关准备 2. 注意幼儿自选活动中的安全，在幼儿需要时及时给予帮助 3. 根据幼儿运动量，及时为幼儿增减衣物等
学习活动	准备活动	1. 与教师沟通，了解活动的内容和要求，做好相关的助教准备工作 2. 协助教师安排教学活动环境、准备玩教具及操作材料
	实施活动	1. 协助教师组织幼儿的学习活动，当好教师的助手 2. 观察幼儿的需要，能耐心细致地予以指导帮助 3. 关注幼儿学习过程的安全问题，协助教师处理突发事件 4. 协助教师或幼儿收拾整理活动场地、玩教具和操作材料
游戏活动	有组织的游戏	1. 了解教师组织游戏的内容和要求 2. 协助教师布置游戏场地，准备游戏材料 3. 配合教师组织游戏活动，当好助手 4. 体育游戏前配合教师检查幼儿服装，备好毛巾，提醒幼儿增减衣物，保护幼儿身心健康 5. 观察幼儿情绪及行为表现，配合教师处理突发事件 6. 游戏结束后，协助教师和幼儿收拾游戏场地及材料
	自主游戏	1. 协助教师准备游戏活动所需的环境和材料 2. 注意游戏活动过程中幼儿的安全 3. 配合教师做好幼儿自主游戏的指导，协助教师处理出现的问题 4. 对玩具及材料进行定期清洗和消毒 5. 观察幼儿情绪及行为表现，配合教师处理突发事件 6. 游戏结束后，协助教师和幼儿收拾游戏场地及材料

⑦在幼儿园一日活动各环节中，协助教师做好活动前的各项准备工作，活动结束时，要及时收拾好教具、学具、玩具等物品，并对有关物品进行消毒和擦洗。

⑧根据游戏和生活组织的需要协助教师制作教玩具。

⑨在自己实践的过程中，继续注意观察教师和幼儿、反思保育工作中的典型案例，分析幼儿身心发展特点和规律，并及时做观察记录(或反思笔记)、分析评价和提出改进措施。

（二）保育实习任务表

表 2-2　　**学生保育实习计划书**

姓　名		性　别		生源地	
班　级		学　号		联系电话	
家庭住址					
实习单位				实习班级	
实习小组同学					
实习单位指导教师				联系电话	
学院指导教师				联系电话	
实习时间	年　月　日至　年　月　日				
由学生填写 1. 对本次实习的认识 2. 计划怎样完成实习任务					

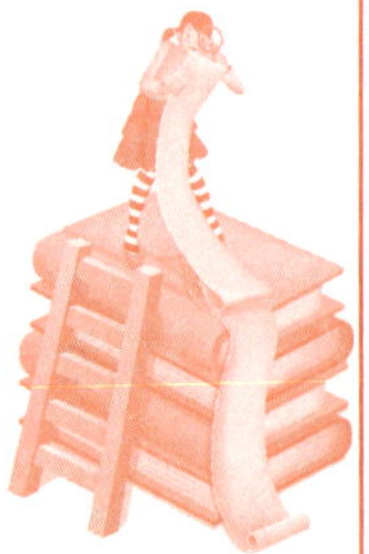

表 2-3　幼儿园一日生活作息时间表（年龄段：　　　班）

建议：抄写班级中的一日生活作息时间表，了解幼儿园一日生活各环节的时间和内容，并通过一日观察和记录填写下面的表格第三列——本环节中需要做的保育工作。本表格应在见习的第一天完成。

环节时间	环节内容	本环节中需要做的保育工作

表 2-4

保育实习观察记录表

建议： 在不干扰幼儿园一日生活与教学的基础上，认真观察保育员和教师所做的保育工作，并对照下表进行记录，把表格中有的、而且在观察过程中发现确实出现的保育工作记录下来，记录方法为在相应的保育工作后面的空格内中打√。注意：表格中数字 1~10 代表实习的第几天(只计算工作日，如 6 代表第 6 天)，如果大家发现有些保育工作不在表格之列，请在表格的最后一行“其他”这一行中补充填写。请大家务必在认真仔细观察的基础上慎重填写，不可凭空捏造。

生活环节	保育工作	老师们做到了哪些					我做到了哪些				
		1	2	3	4	5	6	7	8	9	10
入园	开窗通气										
	询问幼儿身体状况，收好并记录家长带来的药物										
	检查幼儿有无携带不安全物品										
进餐	桌面消毒，为幼儿进餐做准备										
	发放餐具、分饭菜、添汤添饭										
	提醒吃完的幼儿主动送还餐具，并擦脸、擦手、漱口										
	餐后及时打扫地面，擦桌子										
	完成餐具、茶水的搬送工作										
饮水	1. 做好饮水前的准备工作。每天清洗消毒水桶、水杯。提供温度适宜、质量有保证的饮用水										
	2. 照顾身体不适幼儿，根据需要提醒幼儿增加饮水次数										
	3. 提醒幼儿注意接水时的安全，以防热水烫伤										

表 2-5 **保育实习观察记录表（一）**

生活环节	保育工作	老师们做到了哪些					我做到了哪些				
		1	2	3	4	5	6	7	8	9	10
盥洗	检查幼儿洗手方法是否正确，并及时辅导										
	帮助如厕时整理衣服有困难的幼儿										
	引导幼儿自己学会使用手纸，对于不会使用的，应给予帮助										
	保持便池和洗手池的卫生										
	保证盥洗室地面无积水										
	开窗通风，盥洗室通风效果好										
	当幼儿尿湿或大便拉在裤子里时，要及时清洗，并安抚幼儿										
如厕	1. 保持厕所通风，随时清洗，做到清洁、无异味，并定时消毒										
	2. 准备好卫生纸，方便幼儿随时取用										
	3. 指导幼儿整理衣裤，及时处理遗尿、遗便情况，耐心更换、清洗衣物										
	4. 观察记录幼儿大便情况并向家长反馈，发现异常及时与家长交流										
	5. 及时保持厕所地面干爽和清洁										

表 2-5　　　**保育实习观察记录表（二）**

生活环节	保育工作	老师们做到了哪些					我做到了哪些				
		1	2	3	4	5	6	7	8	9	10
睡眠	为幼儿准备好床铺										
	提醒幼儿有序地穿脱、整理衣服										
	观察幼儿的面色、睡姿、通风情况、幼儿盖被子情况										
	在幼儿就寝过程中，做好看护工作，发现情况及时处理					–					
	完成幼儿寝室的清洁和消毒工作										
	幼儿起床后帮助幼儿整理床铺，帮助穿衣有困难的幼儿										
	帮助幼儿梳理头发、整理衣服										
	做好防寒、避暑、防蚊工作										
游戏	游戏开始前准备充分的游戏材料										
	帮助整理收拾玩具有困难的幼儿，并一起收拾整理玩具和材料										
	定时对游戏玩具和材料进行清洗和消毒										
	参与游戏玩具和材料的开发、制作和投放										

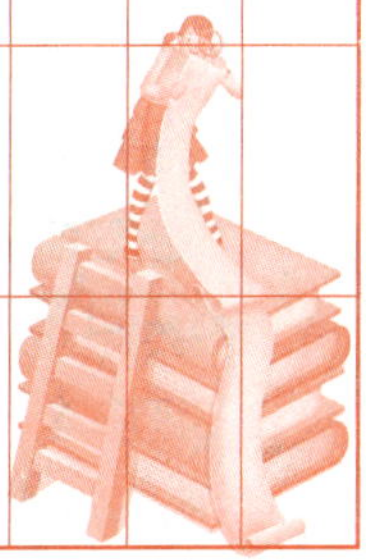

表 2-5 **保育实习观察记录表（三）**

生活环节	保育工作	老师们做到了哪些					我做到了哪些				
		1	2	3	4	5	6	7	8	9	10
教学	教学活动开始前提醒幼儿上厕所										
	帮助教师准备、发放幼儿学习用书或材料										
	帮助教师管理课堂教学秩序										
	及时制止活动过程中幼儿的危险性动作和行为										
体育锻炼	活动前先检查幼儿的着装，不符合要求的要及时更换										
	准备好毛巾和水以便备用										
	帮助教师取放相关的活动器材										
	随时观察幼儿的出汗情况，及时提醒幼儿穿脱衣服										
	提醒幼儿及时擦汗、适量喝水										
离园	检查幼儿的个人卫生，检查幼儿的个人物品有无遗失										
	与患病儿童家长沟通服药情况										
	提醒家长配合做好幼儿被褥添加、清洗等工作										
	提醒家长不要让幼儿把危险物品带到幼儿园来										
	幼儿全部离园后，做好本班各室的清洁、消毒工作										
	关闭电源、水源、门窗，保证安全										
其他											

表 2-6　专项保育工作观察与评析表（饮食）

建议：在保育实习过程中，对所在实习班级进行幼儿营养、饮食的观察与评析。记录幼儿园早餐、午餐和点心的食物种类，并从食物的选择和类型搭配方面进行合理性评析。

<table>
<tr><th>观察内容</th><th colspan="4">观察并记录幼儿班级一周食谱</th><th colspan="3">一周食谱评析</th></tr>
<tr><td rowspan="10">正餐</td><td rowspan="2">周一</td><td>早餐</td><td rowspan="10">点心</td><td rowspan="2"></td><td rowspan="2">食物选择</td><td>合理</td><td>个合理</td></tr>
<tr><td>中餐</td><td></td><td></td></tr>
<tr><td rowspan="2">周二</td><td>早餐</td><td rowspan="2"></td><td rowspan="2">粗细粮搭配</td><td rowspan="2"></td><td rowspan="2"></td></tr>
<tr><td>中餐</td></tr>
<tr><td rowspan="2">周三</td><td>早餐</td><td rowspan="2"></td><td rowspan="2">荤素搭配</td><td rowspan="2"></td><td rowspan="2"></td></tr>
<tr><td>中餐</td></tr>
<tr><td rowspan="2">周四</td><td>早餐</td><td rowspan="2"></td><td rowspan="2">生熟食搭配</td><td rowspan="2"></td><td rowspan="2"></td></tr>
<tr><td>中餐</td></tr>
<tr><td rowspan="2">周五</td><td>早餐</td><td rowspan="2"></td><td rowspan="2">干稀搭配</td><td rowspan="2"></td><td rowspan="2"></td></tr>
<tr><td>中餐</td></tr>
</table>

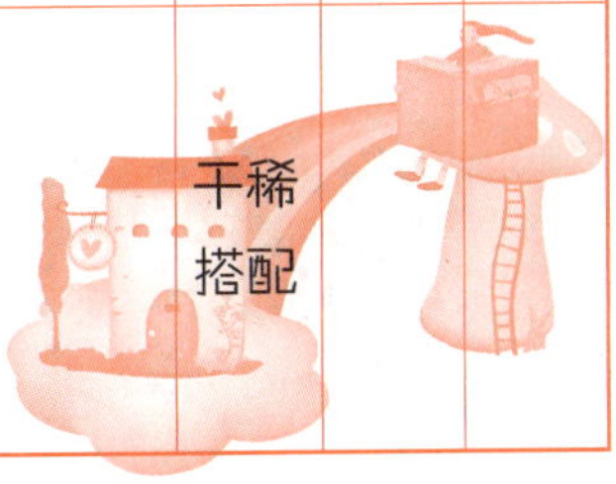

表 2-7　专项保育工作观察与评析表（常见病预防）

建议： 在保育实习中，在实习所在班级调查幼儿本学期的患病情况，记录一些幼儿常见病的案例，并了解幼儿园是如何做好疾病预防和应对工作的。

观察内容	本学期患病情况	预防工作		
非传染性疾病		常规性措施	有	没有
		晨检		
		日常观察		
		运动锻炼		
		日常消毒		
		疾病登记制度		
		体格检查记录		
		家园联系制度		
		其他（补充记录）：		
传染性疾病		常规性措施	有	没有
		晨检		
		日常观察		
		日常消毒		
		预防接种		
		传染病登记报告制度		
		疫时应对性措施	有	没有
		强化免疫		
		隔离制度		
		疫区消毒		
		通报与联络制度		
		其他（补充记录）：		

表 2-8 专项保育工作观察与评析表（生长发育）

建议：在保育实习中，至少选择一男一女两个幼儿，了解其年龄，测量他们的身高、体重，并用发育等级评价法评价幼儿的身高、体重发育状况。

<table>
<tr><th>观察内容</th><th>记录幼儿的年龄、身高、体重</th><th colspan="4">发育状况评析</th></tr>
<tr><td rowspan="8">男孩</td><td rowspan="7"></td><td rowspan="2">评价方式</td><td colspan="3">等级评价</td></tr>
<tr><td>上</td><td>中</td><td>下</td></tr>
<tr><td>年龄别身高</td><td></td><td></td><td></td></tr>
<tr><td>年龄别体重</td><td></td><td></td><td></td></tr>
<tr><td>身高别体重</td><td></td><td></td><td></td></tr>
<tr><td>综合评价</td><td colspan="3"></td></tr>
<tr><td colspan="4"></td></tr>
<tr><td colspan="5">根据幼儿的发育状况，你有哪些健康建议：</td></tr>
<tr><td rowspan="8">女孩</td><td rowspan="7"></td><td rowspan="2">评价方式</td><td colspan="3">等级评价</td></tr>
<tr><td>上</td><td>中</td><td>下</td></tr>
<tr><td>年龄别身高</td><td></td><td></td><td></td></tr>
<tr><td>年龄别体重</td><td></td><td></td><td></td></tr>
<tr><td>身高别体重</td><td></td><td></td><td></td></tr>
<tr><td>综合评价</td><td colspan="3"></td></tr>
<tr><td colspan="4"></td></tr>
<tr><td colspan="5">根据幼儿的发育状况，你有哪些健康建议：</td></tr>
</table>

表 2-9　　保育工作案例观察记录与评析表（一）

建议： 至少观察记录各生活环节中的一个典型保育工作案例，在第一周可观察记录五个方面，第二周可观察记录五个方面，不要把任务都压在第一周或者第二周。第一周案例就是对幼儿园保育工作的观察记录，第二周的案例就是对自己保育工作实践的反思笔记，这样有利于锻炼同学们观察别人与反思自己的能力，还有利于培养同学们评价他人与自我评价的能力。

生活环节	保育工作案例记录	案例评析与建议
入园		
进餐		

表 2-9　保育工作案例观察记录与评析表（二）

生活环节	保育工作案例记录	案例评析与建议
饮水		
盥洗		

表 2-9　**保育工作案例观察记录与评析表（三）**

生活环节	保育工作案例记录	案例评析与建议
如厕		
睡眠		

表 2-9　**保育工作案例观察记录与评析表（四）**

生活环节	保育工作案例记录	案例评析与建议
游戏		
教学		

表 2-9　　**保育工作案例观察记录与评析表（五）**

生活环节	保育工作案例记录	案例评析与建议
体育锻炼		
离园		

表 2-10　　**幼儿个案观察记录表**

<table>
<tr><td>观察班级</td><td></td><td>幼儿姓名</td><td></td><td>性别</td><td></td></tr>
<tr><td>年龄（年月）</td><td></td><td>观察者</td><td></td><td>观察时间段</td><td></td></tr>
<tr><td colspan="6">观察目的：</td></tr>
<tr><td>观察具体时间</td><td colspan="4">观察过程及幼儿行为等相关信息记录</td><td>行为分析</td></tr>
<tr><td></td><td colspan="4"></td><td></td></tr>
</table>

表 2-10　**幼儿个案观察记录表（续）**

观察具体时间	观察过程及幼儿行为等相关信息记录	行为分析

表 2-10

幼儿个案观察记录表（续）

观察具体时间	观察过程及幼儿行为等相关信息记录	行为分析
总体分析 与评价反思		

表 2-11

保育实习总结表

记录本次保育实习中的收获、感悟、反思等。

学生：

年 月 日

表 2-12

保育实习成绩评定表

实习生姓名		实习班级		幼儿园　　　班
实　习　评　语				

实习成绩：________________　　　　指导教师（签名）：________________

班主任教师（签名）：________________　　　　园长（签名）：________________

年　　月　　日

任务三 教育见习

（一）教育见习的内容与要求

①了解见习幼儿园概况，了解该园教育工作的具体措施及相关规章制度，了解见习班级及幼儿的基本情况。

②见习幼儿园骨干教师经验介绍，主要包括爱岗敬业、关爱幼儿方面的切身体会，幼儿园指导教师对见习生今后的学习、生活以及努力方向提出一些建设性意见。

③跟班见习幼儿园一日活动，包括幼儿早上入园接待到下午离园返家的各项工作，协助班级教师、保育员做好保育工作和各项活动准备工作；观察一日活动各环节中教师和保育员的基本岗位职责和岗位任务，各项工作流程，以及采用的方法手段，适当记录和分析。

④熟悉见习幼儿园教育教学活动、保教结合工作的内容与要求，见习生重点观摩和学习幼儿园老师如何组织各项教育教学活动，以游戏活动及集体教学活动为重点，做好记录与分析。

⑤掌握现阶段见习班级教育教学工作计划与具体措施，了解幼儿整体状况与现有发展水平，教师指导并安排见习生初步尝试教育教学实践活动，见习同学教育教学实践工作时，同组学员应主动配合，观看记录并积极参加评议。

⑥见习生依据当前阶段专业课程学习，结合自身专业特长，着重观察分析幼儿园客观需求、现实问题以及发展方向，逐步提高专业素养和业务水平。

⑦按校、幼儿园对教育见习的具体要求和相关内容，完成各项作业，争取好评并争取取得优异成绩。

（二）教育见习任务表

表 3-1　　**我的教育见习计划书**

由学生填写

1. 对本次教育见习的认识与心理准备。
2. 个人教育见习实施计划与任务要求。

学生：

年　　月　　日

表 3-2

幼儿园一日生活作息时间表

班级：　　　　年龄段：

环节时间	环节内容	本环节中需要做的保育工作

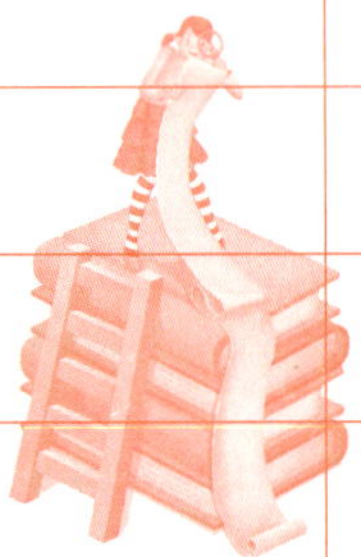

表 3-3　**幼儿园一日活动记录表**

任务 / 环节	记录要点				启　示
	具体工作	方法手段	注意事项	知识技能	
入 园					
进 餐					
体育锻炼					
盥 洗（如厕）					

表 3-3

幼儿园一日活动记录表（续）

任务 / 环节	记录要点				启 示
	具体工作	方法手段	注意事项	知识技能	
教 学					
午 睡					
游 戏					
离 园					

表 3-4　　**教育教学案例记录与评析表（一）**

环节	案例记录	案例评析与建议
幼儿观察	时间：　　　　　　　　对象： 事例：	
教师素养	时间：　　　　　　　　对象： 事例：	

表 3-4　　教育教学案例记录与评析表（二）

环节	案例记录	案例评析与建议
教学活动	时间：　　　　　　　　对象： 事例：	
游戏活动	时间：　　　　　　　　对象： 事例：	

表 3-4　　**教育教学案例记录与评析表（三）**

环节	案例记录	案例评析与建议
户外活动		
区域活动		

表 3-5 **游戏活动观摩记录表**

<table>
<tr><td>幼儿园</td><td colspan="2"></td><td>班级</td><td></td><td colspan="2" rowspan="2">具体时间：
时 分—— 时 分</td></tr>
<tr><td colspan="2">幼儿参与人数</td><td colspan="3"></td></tr>
<tr><td>执教者</td><td colspan="2"></td><td colspan="2">游戏名称与类型</td><td colspan="2"></td></tr>
<tr><td colspan="7">教学目标：</td></tr>
<tr><td colspan="7">游戏规则：</td></tr>
<tr><td colspan="7">教学准备：</td></tr>
<tr><td colspan="6">游戏活动过程实录</td><td>评价与反思</td></tr>
<tr><td colspan="6"></td><td rowspan="2"></td></tr>
<tr><td colspan="6">活动延伸：</td></tr>
</table>

表 3-6　**教学活动观摩记录表**

<table>
<tr><td>幼儿园</td><td></td><td>班级</td><td colspan="2"></td><td rowspan="2">具体时间：
时　分——　时　分</td></tr>
<tr><td>记录者</td><td></td><td colspan="2">幼儿参与人数</td><td></td></tr>
<tr><td>执教者</td><td></td><td colspan="3">活动名称</td><td></td></tr>
<tr><td colspan="6">教学目标：</td></tr>
<tr><td colspan="6">教学准备：</td></tr>
<tr><td colspan="4">教学过程实录</td><td colspan="2">评价与反思</td></tr>
<tr><td colspan="4"></td><td colspan="2"></td></tr>
</table>

表 3-6　　教学活动观摩记录表（续）

教学过程实录	评价与反思
活动延伸：	

表 3-7　　**教育见习反思与总结**

问　题	反　思
你认为幼儿教育工作重要吗？它的重要性体现在哪里？	
做好幼儿教育工作，教师应该具备哪些基本素质和能力？	
该幼儿园保教结合工作做得怎么样？有什么需要改进的？如何改进？	

表 3-8

我的见习体会

学生填写：
可以记本次实践中的人与事，表达自己的感悟、想法等。
表现方法不限。

学生：

年　　月　　日

表 3-9

教育见习成绩评定表

见习生姓名		学号		见习时间	
幼儿园		见习班级			
见　习　评　语					

见习成绩：______________　　　　指导教师（签名）：______________

班主任教师（签名）：______________　　　　园长（签名）：______________

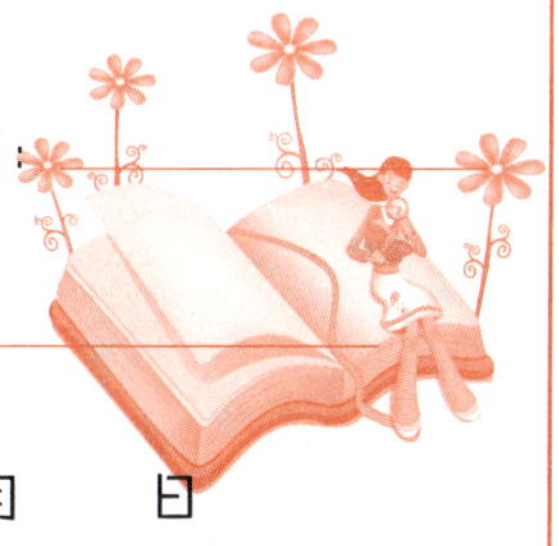

年　　月　　日

拓展部分：

表 3-10 **区域活动观察记录表**

幼儿园		班级		具体时间	时　分—— 时　分
组织者		区域名称			
区域布置：（可附照片）					
区域规则：					
区域活动过程实录				分析及评价	

表 3-11　　**幼儿园/班级环境设计观察记录表**

环境设计布置（画出或拍出布置效果图）：
环境设计评价（分析环境设计的优缺点）： 

任务四 教育实习

（一）教育实习的内容和要求

教育实习的内容

教育实习是学前教育专业实践课程体系中非常重要的一个环节，也是一门重要的专业实践课程，是实施素质教育，培养教师从事幼儿园工作职业素质能力，提高就业率和就业质量的保证。幼儿园教育实习是指在教师指导下，运用学前教育专业基础理论与实践相联系，增强感知认识、提高保教实践能力，不断探求、创造和发展出更符合实际需要的教育实践方式。其内容主要包括：

（1）了解幼儿园一日活动安排、内容及特点，学习组织一日活动、班级工作及家长接待工作。

（2）通过观察、实践、反思等方法，学习幼儿教育工作的基本规范，并把所学的专业理论和基本技能运用于实际教育工作中。

（3）熟悉幼儿园保教工作内容和教师岗位职责，领会《3—6 岁儿童学习与发展指南》、《纲要》的精神，掌握幼儿园保教工作的内容、流程、形式和方法。

（4）参与园所环境创设，设计组织幼儿园集体教育活动、户外活动、生活活动等。

（5）完成实习日志、反思与总结，学会撰写教育观察笔记，明确今后努力的方向。

教育实习的要求

根据学前教育专业人才培养的目标和要求，确保教育质量，贯彻理论联系实际的教育方针，培养幼儿园和社会欢迎的高素质学前教育人才，并进一步加深实习生对幼儿教育的感性认识，巩固专业思想，强化专业意识，提高专业素质。

（1）在指导教师的引导下，学习制订实习计划，确定月目标、周目标、半日活动目标。

（2）熟悉幼儿园的全面工作，加深对幼儿教育的理解，树立正确的教育观与儿童观，进一步提高学生的师德修养。

（3）能独立设计并组织幼儿一日活动，包括：生活活动、户外活动、集体活动以及区域活动，完成各项工作任务。

(4)根据班级主题、活动区需要，创设班级环境，积极主动与家长沟通，取得家园合作。

(5)做好活动前的各项准备工作，活动结束后及时反思总结。

（二）教育实习任务表

表 4-1　幼儿园一日活动组织与实施指导建议

活动类别	活动环节	组织与实施	指导建议
生活活动	入园	1. 为迎接幼儿入园和开展晨间活动做好准备 2. 主动热情迎接幼儿，灵活组织晨间谈话活动，与幼儿交流感兴趣的事 3. 参与幼儿的晨间活动，回应幼儿的个别需要 4. 热情接待家长，必要时与家长进行交流 5. 观察幼儿情绪及身体状态，做好相应处理 6. 查看幼儿是否携带不安全物品，如发现代为保管	1. 幼儿入园时间一般为上午7:30~8:00 2. 可以随机对幼儿开展文明礼仪、物品整理和管理、值日生工作等方面的教育 3. 拓宽晨间活动的内容和形式，如：照料动植物、安排值日生、安排体育锻炼和区域活动等，丰富幼儿的晨间生活
	盥洗	1. 引导幼儿掌握并坚持使用正确的盥洗方法 2. 要求幼儿洗手时不玩水，不打闹，不拥挤，确保盥洗安全 3. 提醒幼儿饭前便后及户外活动后要洗手，并使用自己的毛巾擦手 4. 培养幼儿餐后漱口的习惯，提醒幼儿漱口后用餐巾擦嘴，将口杯还原	1. 巧用标识和图示为幼儿创设富有童趣和教育性的盥洗环境 2. 针对不同年龄阶段幼儿生活自理能力的差异，提供相应的指导和帮助，如小班不会挽袖子、洗手方法不正确，中大班洗手不认真、喜欢打闹玩水等 3. 与家长沟通，指导家长家庭中提醒幼儿保持正确的盥洗习惯

续表

活动类别	活动环节	组织与实施	指导建议
生活活动	进餐	1. 营造轻松、愉快的进餐环境和氛围 2. 主动向幼儿介绍食谱，激发幼儿食欲，了解并尊重幼儿的饮食习惯 3. 鼓励幼儿文明进餐，及时纠正幼儿不良的进餐习惯，提醒幼儿细嚼慢咽，不偏食、不挑食 4. 帮助或指导幼儿自主取餐、进餐，减少等待时间，指导幼儿正确使用餐具 5. 提醒幼儿餐后有序、主动地收拾餐具，养成饭后擦嘴、漱口的习惯 6. 结合不同季节安排适宜的幼儿餐后活动	1. 随机对幼儿开展膳食营养教育和进餐礼仪教育 2. 特别关注特殊体质和饮食习惯的幼儿，尽可能地为特殊幼儿提供个性化服务 3. 允许幼儿自主选择喜欢的伙伴、座位进餐，允许幼儿自主安排和选择安静的餐后活动 4. 与家长沟通，指导家长在家庭中提醒幼儿保持正确的进餐习惯
	如厕	1. 指导幼儿正确如厕，提醒幼儿注意如厕时的安全 2. 根据幼儿的年龄、性别特点，提供相应的指导和帮助：如小班幼儿学习擦屁股的方法，中大班自理大便等 3. 了解并尊重幼儿的排便习惯，鼓励幼儿在有需要时及时大小便	1. 提醒幼儿按性别分开如厕。尊重幼儿的隐私，尽可能提供分隔、隐蔽的如厕空间， 2. 创设温馨的如厕环境，可以利用图片、照片、标识等提示幼儿如厕的步骤和注意事项等 3. 随机开展性别教育，增进幼儿保护身体私密部位的卫生及安全的意识 4. 保教人员应与家长沟通，指导家长在家庭中提醒幼儿保持正确的如厕习惯
	饮水	1. 创设安全便捷的饮水环境 2. 每天除了固定时间安排幼儿饮水，还应允许幼儿按需饮水，保证幼儿每日饮水量 3. 激发幼儿主动饮用白开水的兴趣，教育幼儿不在剧烈运动后大量饮水 4. 提醒幼儿取放水杯后要归还原处 5. 提醒有特殊需要的幼儿多饮水	1. 开展谈话或相关教育活动，让幼儿了解饮用白开水的重要性和注意事项 2. 根据季节等情况，提醒幼儿调整饮水量，适时提醒幼儿要节约用水 3. 随机渗透安全教育，提醒幼儿注意饮水安全，以防热水烫伤 4. 与家长沟通，指导家长在家庭中提醒幼儿保持正确的饮水习惯

续表

活动类别	活动环节	组织与实施	指导建议
生活活动	睡眠	1. 在睡觉前组织幼儿开展安静的活动，稳定幼儿情绪，营造安静、舒适、安全、卫生的睡眠环境，让幼儿安静入睡 2. 了解并尊重幼儿睡眠习惯，安抚入睡困难的幼儿 3. 提醒幼儿按时睡觉，养成良好睡眠习惯 4. 加强巡视，纠正幼儿的睡姿，发现异常情况及时处理 5. 培养幼儿自理能力，对穿脱衣服有困难的幼儿提供指导和帮助	1. 做好班务日志和交接班记录，清点当日到班幼儿人数并签名 2. 注重观察并记录幼儿睡觉时的健康状况，发现问题及时处理 3. 重视幼儿生活自理能力的培养，结合幼儿的年龄特点，有针对性地进行指导。如：小班重在指导穿脱衣服，中班重在指导系鞋带，大班重在整理床铺等 4. 多与家长沟通，了解并尊重幼儿的睡觉习惯，为少眠的幼儿提供安静的活动空间和材料，与家长沟通，指导家长在家庭中提醒幼儿保持正确的睡觉习惯
	离园	1. 适宜地组织幼儿进行游戏，保证幼儿安全有序地离园 2. 帮助或提醒幼儿整理好衣物和生活学习用品 3. 确认幼儿家长的身份后，方可允许家长接走幼儿 4. 需要时与家长交流幼儿情况	1. 幼儿离园时间一般为下午16:30—17:00 2. 他人替接幼儿时，实习教师要与家长确认，严禁把幼儿交给陌生人 3. 对有特殊需要的幼儿，应与保健医生和家长及时交流幼儿情况 4. 允许幼儿在离园时自由选择游戏伙伴和游戏内容进行活动 5. 鼓励幼儿在离园前参与整理班级物品的活动，渗透热爱劳动和为集体服务的教育

续表

活动类别	活动环节	组织与实施	指导建议
户外活动	集体活动	1. 户外活动前要做好活动场地和材料等相关准备 2. 户外活动中教师着装要便于运动，精神饱满，口令有力，动作规范 3. 根据幼儿发展水平，立足班情，安排适宜的户外活动内容 4. 指导并提醒幼儿注意活动安全，学会自我保护 5. 指导幼儿整理活动器械、材料和场地	1. 幼儿户外活动的时间每天不少于 2 小时，其中体育活动时间不少于 1 小时 2. 做好户外场地的责任分工，保证幼儿在教师视线范围内活动。发现问题要相互协助，及时处理 3. 注意调整幼儿户外活动的运动量，户外锻炼时要视天气情况采取防寒(或防暑、防雾霾等)措施，同时适度增强或减少活动的密度和强度 4. 关注幼儿动作发展，随时观察幼儿活动情况，及时处理幼儿安全或身体不适等突发事件 5. 阴雨天，要坚持开展户外活动。要利用幼儿园自身场地的特点，充分利用走廊、门厅、长廊、屋顶平台等，合理安排每班活动场地，保证阴雨天时户外活动正常进行 6. 注意培养幼儿的户外活动常规，随机开展意志品质教育和合作教育
	自选活动	1. 为幼儿自选活动创设活动器械并材料数量充足、场地环境安全 2. 对户外自选活动中存在的安全隐患进行预设，及时处理突发事件 3. 教师与幼儿一起建立并遵守户外自选活动规则，保障户外自选活动安全、有序地进行 4. 户外自主活动完毕，鼓励幼儿分享收获，体验活动乐趣 5. 观察和分析幼儿的自选活动表现，适时提供指导和帮助 6. 培养幼儿自主选择、收拾、整理活动器械和材料的习惯	1. 充分尊重幼儿自主选择活动内容和材料的权利。户外活动每天应保证有一定的自选活动时间 2. 强化幼儿的安全意识，对易发生危险的地方重点防范 3. 分工明确，各负其责，保证每名幼儿都在成人视线范围内活动，确保幼儿安全 4. 根据幼儿的发展需求和年龄特点，提供数量充足、种类丰富、功能各异的活动器械和材料，让幼儿自由选择。同时，也要注意器械和材料的及时更新和调整 5. 根据户外活动的实际发展需要，自制体育器械 6 随机渗透轮流、分享和合作的教育 7. 注意调控幼儿的运动量，关注个体差异，及时进行个别指导 8. 鼓励幼儿一物多玩，创新户外自选活动的内容和形式

续表

活动类别	活动环节	组织与实施	指导建议
学习活动	准备活动	1. 依据课程计划和目标，结合幼儿发展实际水平、兴趣和需要来选择合适的教学内容 2. 根据幼儿身心发展水平和兴趣、需要，拟定科学合理的教学目标，重难点明晰 3. 帮助或指导幼儿做好前期知识经验和能力的准备 4. 创设适宜的教育环境，提供较充足的玩教具和操作材料，鼓励幼儿大胆探索，及时分享 5. 选择适宜的教学组织形式，集体、小组和个别教育有机结合 6. 制定易于操作实施的教学活动方案	1. 教学内容的选择既要贴近幼儿现实生活，又要有助于积累和拓展幼儿的经验和视野 2. 充分挖掘多种教育资源，各领域的内容要有机联系、相互渗透，将教育寓于生活和游戏之中 3. 为幼儿准备有层次、有意义、数量充足的操作材料，支持、引发幼儿与材料的互动 4. 教学准备要调动家长参与的积极性，如鼓励家长提供材料或带孩子开展相关调查等，引导家长理解和支持幼儿园教育 5. 预设的活动方案要尽量减少不必要的集体行为和过渡环节，减少和消除消极等待现象
	实施活动	1. 面向全体，注重个体差异，确保大多数幼儿积极地参与 2. 应关怀、尊重和接纳幼儿的想法与感受，鼓励其大胆探索与表达 3. 关注幼儿的表现和反应，适时适宜地作出回应 4. 关注幼儿坐、立、站、握笔等姿势及用眼卫生 5. 保护幼儿的学习好奇心和求知欲，培养幼儿良好的学习习惯和学习品质 6. 根据幼儿的兴趣和需要，适当调整教学活动方案，并开展相关的延伸活动 7. 关注幼儿发展水平的差异，以发展的眼光看待幼儿，避免用统一的标准评价幼儿	1. 教学活动要体现各领域的特点，运用多种教学手段和形式，加强课程的整合，提升教学的有效性 2. 与幼儿形成合作探究式的师生互动，努力成为幼儿学习活动的支持者、合作者和引导者 3. 善于发现教学过程中隐含的教育契机和价值，把握时机，积极引导 4. 教学过程中，直接指导的活动和间接指导的活动要有机结合，尽量放手让孩子去探索和交往，努力让幼儿成为学习的主人 5. 配合要默契，尽可能地以分组形式关注更多幼儿的个体需要和差异，并做出积极的回应 6. 注重反思教学实践，及时发现、分析和解决教学中出现的问题，促进自身专业的成长 7. 将教学内容与家长进行交流，鼓励家长参与教学过程，实现家园共育

续表

活动类别	活动环节	组织与实施	指导建议
游戏活动	有组织的游戏	1. 每周有计划地安排和组织幼儿开展各类游戏活动 2. 选择或设计幼儿感兴趣，符合幼儿年龄特点和实际水平的游戏，制订切实可行的游戏计划 3. 师生共同准备游戏场地、器械、玩具或材料 4. 提供数量充足、种类丰富的游戏材料，同时要及时添置和更换 5. 提前告知幼儿游戏的玩法和规则 6. 关注幼儿游戏中的表现，帮助幼儿体验游戏的快乐 7. 游戏指导既面向全体，又要关注个体差异 8. 游戏结束时，引导幼儿交流分享游戏的快乐与收获，激发新的游戏欲望	1. 关注不同类型游戏活动的不同教育价值，各类游戏安排应均衡、科学、合理、有序，将教育目标渗透到其中 2. 关注幼儿的个体差异，对能力较弱和较强的幼儿提供适宜的个别指导 3. 指导游戏时要强调技巧和方法，保护幼儿游戏的主体性，增进幼儿的愉快体验和成就感 4. 应尽可能地给予幼儿更多的自主选择、自主活动的空间和时间，让幼儿学会自我管理、自主发展 5. 要就游戏的内容和指导原则相互沟通，达成共识并保持指导的一致性 6. 根据幼儿对游戏熟悉的程度，应允许并鼓励幼儿创新游戏的主题和玩法
	自主游戏	1. 为幼儿提供自主选择游戏内容、形式和材料的时间和空间，满足幼儿自主学习与需要 2. 因地制宜地合理利用活动室空间，提供多种学习经验的活动区 3. 根据游戏活动的要求和幼儿需要，为幼儿自主游戏提供丰富的材料，如自然物、废旧材料、半成品材料及成品材料 4. 与幼儿共同制定游戏规则，并鼓励幼儿主动遵守 5. 培养幼儿良好的自主游戏的常规，如自觉整理并收拾好游戏材料等 6. 充分尊重幼儿的自主选择，在观察的基础上决定是否需要介入和如何介入 7. 游戏结束后，应根据需要组织幼儿交流分享游戏的快乐和收获，激发幼儿继续游戏的热情	1. 充分尊重幼儿游戏的自主权，为幼儿营造安全、温馨、自由的氛围，确保幼儿每天都有自主游戏活动的时间、空间及材料 2. 投放的游戏材料应数量充足，有层次，操作性和可变性强，并根据幼儿的兴趣、能力和教育目标适时进行调整和更新 3. 自主游戏指导应以间接指导为主，着重个别指导 4. 加强沟通，合理分工，让幼儿安全、快乐地游戏 5. 关注幼儿游戏水平的差异，及时回应幼儿的不同需求，不断提高幼儿游戏水平 6. 做好观察记录，认真反思、分析、解决自主游戏指导过程中出现的问题，不断提升游戏指导的专业性

表 4-2

教育实习计划书

实 习 进 度 表			
实习班级：		实习教师：	
日 期	活动领域	活动目标	备注

表 4-3

学期教育计划

（________年至________年学年度第　学期）

幼儿发展状况分析		
领域	目　标	内容（主题活动及其他内容）
健康		
语言		

续表

领域	目　　标	内容 （主题活动及其他内容）
社会		
科学		
艺术		

表 4-4 **教育实习月计划**

<table>
<tr><td colspan="7">班级：　　　　　　　　　　　　　　　　　　实施时间：______年______月</td></tr>
<tr><td colspan="3">周 次</td><td>第一周</td><td>第二周</td><td>第三周</td><td>第四周</td></tr>
<tr><td></td><td colspan="2">语言活动</td><td></td><td></td><td></td><td></td></tr>
<tr><td rowspan="7">主题活动</td><td rowspan="2">艺术活动</td><td>音乐</td><td></td><td></td><td></td><td></td></tr>
<tr><td>美术</td><td></td><td></td><td></td><td></td></tr>
<tr><td rowspan="2">科学活动</td><td>科学</td><td colspan="4"></td></tr>
<tr><td>数学</td><td colspan="4"></td></tr>
<tr><td colspan="2">社会活动</td><td></td><td></td><td></td><td></td></tr>
<tr><td rowspan="2">健康活动</td><td>生活</td><td></td><td></td><td></td><td></td></tr>
<tr><td>体育</td><td></td><td></td><td></td><td></td></tr>
</table>

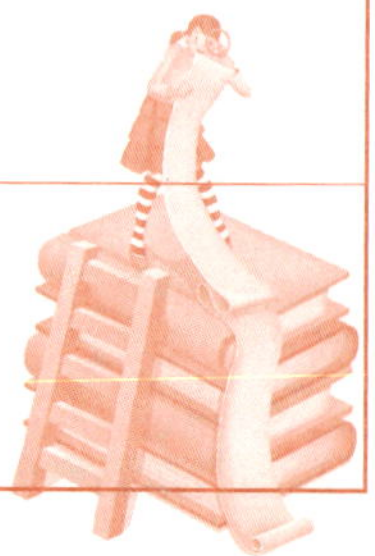

表 4-5

教育实习周计划

第　　周教育活动安排

班　级＿＿＿＿＿　　　　＿＿＿＿月＿＿＿＿日至＿＿＿＿月＿＿＿＿日

星　期	一	二	三	四	五
户外运动	集体活动 自选活动	集体活动 自选活动	集体活动 自选活动	集体活动 自选活动	集体活动 自选活动
教学活动					
游戏活动					
生活活动					
环境创设					
家园互动					

表 4-6 **教育实习教学活动记录**

<table>
<tr><td>教师</td><td></td><td>班级</td><td></td><td>幼儿数</td><td></td><td>时间</td><td></td></tr>
<tr><td>活动名称</td><td colspan="7"></td></tr>
<tr><td>活动目标</td><td colspan="7">1.
2
3.</td></tr>
<tr><td>活动准备</td><td colspan="7">1. 物质材料准备：
2. 前期经验准备：</td></tr>
<tr><td colspan="4">活动过程（教师指导）</td><td colspan="2">幼儿表现</td><td colspan="2">建议</td></tr>
<tr><td colspan="4"></td><td colspan="2"></td><td colspan="2"></td></tr>
<tr><td>反思
与调整</td><td colspan="7"></td></tr>
</table>

表 4-7　**教育实习观察记录**

观察对象		年龄		观察时间		观察者	
观察目的							
观察实录							
措施及策略							

表 4-8

教育实习教育笔记

实习老师姓名		实习班级		时间	
教育主题					

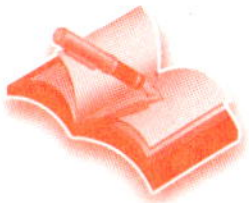

表 4-9　　**一日活动实践反思表（一）**

一日活动	教育实习具体工作	指导教师做到了哪些					我做到了哪些				
		1	2	3	4	5	6	7	8	9	10
生活活动	教幼儿正确的洗手方法，提供个别指导，懂得节约用水										
	提醒幼儿饭前便后洗手										
	为特殊儿童提供服务，做到耐心、细心										
	提醒幼儿餐后漱口擦嘴										
	组织幼儿有序地穿脱、整理衣服										
	组织幼儿按时午睡，养成良好睡眠习惯，加强巡视，发现异常情况及时处理										
	了解和尊重幼儿睡眠时间，安抚入睡困难的幼儿										
户外活动	每天安排不少于 2 小时户外体育活动时间										
	协助班级教师做好户外活动准备，活动中注意幼儿安全，在幼儿需要时给予帮助										

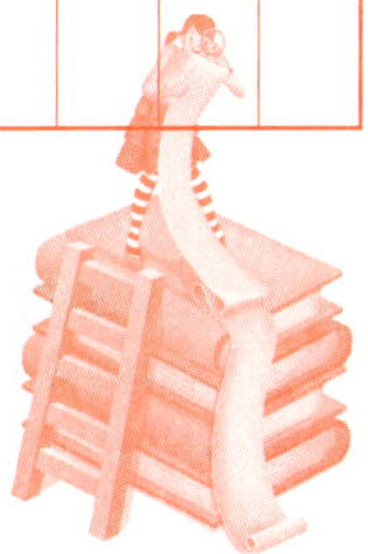

表 4-9　　**一日活动实践反思表（二）**

一日活动	教育实习具体工作	指导教师做到了哪些					我做到了哪些				
		1	2	3	4	5	6	7	8	9	10
学习活动	根据幼儿年龄特点，按计划实施教学活动，要求活动设计合理，以多种形式吸引幼儿参与，以丰富的材料调动幼儿多种感官，并鼓励幼儿积极进行操作										
	教学活动要体现幼儿为主体，注重活动过程，鼓励幼儿提出问题，展开想象，保护幼儿思维过程中的创新意识，引导幼儿根据事物间的联系提出不同的见解										
	培养幼儿良好的学习习惯、操作习惯，教育幼儿注意用眼卫生										
	关注幼儿学习与发展的整体性。注重领域之间、目标之间的相互渗透和整合，促进幼儿身心全面协调发展										
游戏活动	组织幼儿开展游戏活动，保证游戏时间，根据游戏内容创设合理丰富的游戏环境										
	尊重幼儿自主选择活动的权利。建立活动规则，引导幼儿遵守活动规则，注意安全										

表 4-10　　**集体教学活动评价表**

活动名称		**成绩**	**等级**			
评价内容	评 价 要 求			评价等级		
				A	B	C	D

评价内容	评价要求	A	B	C	D
A. 教学目标 20%	1. 有机整合情感、态度、能力、知识技能等方面的发展要求				
	2. 目标达成意识强，能贯彻教学过程始终				
	3. 内容正确，具有针对性，深浅适度，联系幼儿生活，符合幼儿实际情况				
B. 教学过程 40%	1. 教学思路清晰，环节分明，张弛有度，能恰当运用多元化的教学方法和手段，采用适宜的指导策略，形成有效的师幼、幼幼互动				
	2. 能充分发挥幼儿的主动性，积极参加各项活动，有充分思考和练习的机会，手脑并用获取知识				
	3. 既面向全面又注重个体差异				
	4. 关注幼儿在活动中的表现和反应，能灵活调整活动进程与指导策略				
C. 教师基本素质 20%	1. 能以亲和的态度和灵活的活动形式构建安全、平等、温馨、丰富的学习环境				
	2. 语言简练规范，生动，富有感染力，易于幼儿理解				
	3. 教具制作恰当，演示操作标准				
	4. 有较强的工作能力和教学经验				
D. 教学效果 20%	1. 幼儿能主动、积极、专注而投入地参与到活动流程				
	2. 幼儿的能力得到充分发挥，目标达到良好				

表 4-11　　**教育实习反思与总结**

实习内容	具体问题	问题分析	反思总结	改进措施
生活活动	1. 你拟定的常规学习目标是否达到			
	2. 你运用了什么方法培养幼儿常规，是否有效			
	3. 如何处理突发事件			
	4. 如何营造愉快的环境氛围			
户外活动	1. 户外活动场地安排是否适宜			
	2. 操节动作是否标准、熟练			
	3. 户外活动是否关注幼儿个体差异，并提供相应指导			
	4. 是否关注幼儿心理健康发展			
学习活动	1. 活动前准备是否充分？应注意什么			
	2. 教学目标是否从三个维度出发			
	3. 教学内容安排是否合理			
	4. 师幼互动是否调动幼儿的积极性			
游戏活动	1. 是否为班级区域提出合理化建议			
	2. 你知道的活动区包括哪些			
	3. 活动区的材料投放需要注意什么			
	4. 区域活动中你如何指导幼儿			

表 4-12　**教育实习感悟与困惑**

<table>
<tr><td>实习单位</td><td></td><td>实习生</td><td></td><td>班级</td><td></td></tr>
<tr><td colspan="2"></td><td colspan="2">感悟</td><td colspan="2">困惑</td></tr>
<tr><td colspan="2">生活活动</td><td colspan="2"></td><td colspan="2"></td></tr>
<tr><td colspan="2">户外活动</td><td colspan="2"></td><td colspan="2"></td></tr>
<tr><td colspan="2">集体活动</td><td colspan="2"></td><td colspan="2"></td></tr>
<tr><td colspan="2">游戏活动</td><td colspan="2"></td><td colspan="2"></td></tr>
</table>

表 4-13　　**教育实习成绩评定表**

<table>
<tr><td colspan="2">实习生姓名</td><td></td><td>实习时间</td><td></td><td>幼儿园　　班</td></tr>
<tr><td>实习总结</td><td colspan="5"></td></tr>
<tr><td>实习成绩评定</td><td colspan="5"></td></tr>
<tr><td></td><td colspan="5">实习成绩：________　　指导教师（签名）：________
班主任教师（签名）：________　　园长（签名）：________
年　　月　　日</td></tr>
</table>

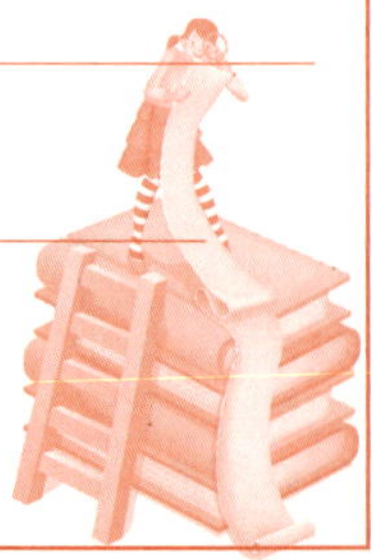

任务五　顶岗实习

（一）顶岗实习的内容与要求

1. 认真做好保教工作，按要求写好备课本、保教笔记。

2. 熟悉并独立完成教师岗位一日工作流程、工作任务，其工作范围应涵盖幼儿一日生活的各环节，包括生活活动、户外活动、学习活动、游戏活动以及区域活动，具体流程、要求、方法见《表 5-1》。

表 5-1　教师工作基本要求

活动时间	活动内容	教师职责
7:30~7:45	晨间接待	1. 热情接待来园幼儿，注意观察幼儿精神及情绪，做好衣物、药物等交接手续
7:45~8:00	晨间锻炼	1. 准备好晨间锻炼的器具及场地，根据本班幼儿的年龄特点，发展水平，有计划、合理组织幼儿户外体育锻炼及早操 2. 根据气候和幼儿的体质状况，帮助幼儿增减衣服，检查幼儿的服装鞋子，保证幼儿的活动安全
8:00~8:35	早餐环节	1. 督促幼儿正确、迅速用肥皂、流水洗手，要求幼儿知道节约用水及正确的洗手方法 2. 随时进行生活卫生常识的教育，重视个别指导 3. 组织幼儿早餐，教师注意为幼儿创设安静愉快的进餐氛围，掌握每个幼儿的进餐量，干稀搭配，并注意对幼儿进行卫生习惯的培养 4. 安排好先吃完早点的幼儿，进行区域活动
中、大班 8:35~9:00 小班 8:35~9:15	区域活动	1. 引导幼儿根据自己的意愿选择活动区、发展幼儿交往、认知、动手等各种能力 2. 观察幼儿情况，教师进行有针对性、有目的性的个别教育及指导 3. 提醒幼儿按需饮水、如厕，帮助幼儿检查、整理衣物 4. 做好教学前的准备及收拾整理活动区

续表

活动时间	活动内容	教 师 职 责
大班: 9:00~10:10 中班: 9:00~9:50 小班: 9:15~9:50	教学活动	1. 根据幼儿年龄特点，按计划实施教学活动，要求活动设计合理，以多种形式吸引幼儿参与，以丰富的材料调动幼儿多种感官，并鼓励幼儿积极进行操作 2. 教学活动要体现幼儿为主体，注重活动过程，鼓励幼儿提出问题，展开想象，保护幼儿思维过程中的创新意识，引导幼儿根据事物间的联系提出不同的见解 3. 培养幼儿良好的学习习惯、操作习惯，教育幼儿注意用眼卫生 4. 坚持启发、引导、鼓励的正面教育原则，因材施教，使每个幼儿在原有基础上得到不同的发展
大班 10:10~10:50 中班 9:50~10:50 小班 9:50~10:50	户外活动	1. 组织幼儿按意愿如厕、饮水，要求幼儿使用自己的水杯和毛巾 2. 开展符合本班年龄、动作发展水平的体育游戏活动，使幼儿在轻松愉快的氛围中能充分、自由地活动起来，使其身体各部分得到锻炼 3. 在活动中注重安全教育，随机教给幼儿自我保护的方法，确保幼儿安全
10:50~11:00	餐前过渡	1. 组织幼儿回班，提醒幼儿按需饮水及盥洗、如厕(要求同前) 2. 给生病幼儿服药或个别护理 3. 为幼儿创设安静、愉快的进餐氛围
上午班教师 11:10~13:00 下午班教师 11:00~11:30 生活 教师 11:00~12:15	午餐及 午睡环节	1. 11:10 教师进餐，11:30 回班指导幼儿进中餐，培养幼儿不挑食的习惯，指导幼儿正确使用餐具、餐巾，培养幼儿饭后漱口 2. 照顾幼儿就寝，提醒幼儿掌握脱衣顺序，摆放衣物，待幼儿全部入睡后，整理好全班幼儿衣物 3. 与下午班教师交接班，交代幼儿人数、上午活动情况、幼儿身体状况，填写班级保教记录本
13:00~14:30	午睡	1. 巡视幼儿睡眠情况，纠正睡姿，盖好被子，发现异常情况及时处理并做好记录，若有危急情况速与行政值班人员和医务人员联系 2. 值班时不串岗、不离岗、不睡觉和做私活，做到尽职尽责 3. 冬季注意幼儿的保暖，夏季注意通风，保证幼儿健康

续表

活动时间	活动内容	教　师　职　责
14:30~15:00	起床环节	1. 向幼儿问好，指导幼儿起床，提醒幼儿正确有序地穿衣物鞋袜，叠被，有序地走出睡区 2. 检查幼儿所穿衣服和鞋袜情况，摸幼儿体温 3. 组织幼儿起床后盥洗如厕 4. 组织幼儿做午间操，要求幼儿精神饱满(雨天室内)
15:00~15:20	午点环节	1. 培养幼儿良好的午点习惯 2. 根据午点内容可随机丰富幼儿知识
15:20~16:00	游戏环节	1. 组织幼儿开展游戏活动，保证游戏时间，根据游戏内容创设合理丰富的游戏环境，为幼儿提供丰富的材料和玩具，激发幼儿游戏兴趣，使幼儿获得全面、和谐发展的机会 2. 以角色身份参与游戏，观察幼儿发展水平，引导幼儿创造性地使用玩具及材料，鼓励幼儿积极交往，并能独立解决问题
16:00~16:30	晚餐	1. 组织幼儿进活动室，盥洗室，并作餐前准备(要求同前) 2. 进晚餐(要求同前) 3. 检查幼儿衣物 4. 开展丰富多彩的离园前活动
16:30~17:00	离园活动	1. 热情接待家长，主动、有针对性地与家长沟通、交流，争取家长配合共同教育幼儿 2. 注意培养幼儿文明礼貌行为及用语，督促幼儿整理、还原玩具、用具 3. 写好班级保教记录，清洁地面及公共场所，冲洗厕所，整理室内教、玩具，关好水、电、门窗

3. 在幼儿园一日活动各环节中，配合班级其他两位老师做好活动前的各项准备工作，活动结束时，要及时收拾好教具、学具、玩具等物品。

4. 学会在保教工作中协助教师对幼儿进行必要的常规训练、思想品德教育及卫生安全教育。

5. 根据游戏和生活组织的需要协助教师制作教玩具。

6. 主动向家长汇报幼儿情况，虚心听取家长意见并与家长共商教育幼儿的方法。

（二）顶岗实习任务表

表 5-2　　学前教育专业学生顶岗实习基本情况表

<table>
<tr><td>姓　名</td><td></td><td>性　别</td><td></td><td>生 源 地</td><td></td><td>政治面貌</td><td></td></tr>
<tr><td>班　级</td><td></td><td>学　号</td><td></td><td>家庭住址</td><td colspan="3"></td></tr>
<tr><td>联系电话</td><td colspan="7"></td></tr>
<tr><td colspan="8">顶岗实习</td></tr>
<tr><td>实习单位</td><td colspan="3"></td><td>实习班级</td><td colspan="3"></td></tr>
<tr><td colspan="2">实习小组同学</td><td colspan="6"></td></tr>
<tr><td colspan="2">实习单位指导教师</td><td colspan="2"></td><td>联系电话</td><td colspan="3"></td></tr>
<tr><td colspan="2">学院指导教师</td><td colspan="2"></td><td>联系电话</td><td colspan="3"></td></tr>
<tr><td>实习时间</td><td colspan="7">年　　月　　日至　　年　　月　　日</td></tr>
<tr><td>在校期间参加社会实践情况</td><td colspan="7"></td></tr>
</table>

注：本表由学生本人填写

我的(见)实习/实训计划书(见表 5-3)

表 5-3

本阶段个人信息：

指导教师(学院)＿＿＿＿＿＿＿＿

(实习单位)＿＿＿＿＿＿＿＿

实习的具体班级＿＿＿＿＿＿＿＿

同组同学＿＿＿＿＿＿＿＿

我的(见)实习/实训计划书

由学生填写 1. 本次实习的认识 2. 计划怎样完成本次实习任务   学生： 年　月　日

表 5-4　幼儿园一日生活作息时间表（年龄段：　　班）

建议：熟悉班级中的一日生活作息时间表，了解幼儿园一日生活各环节的时间和内容，并通过一日观察和记录填写下面表格第三列——本环节中需要做的保教工作。本表格应在实习的第一天完成。

环节时间	环节内容	本环节中需要做的保教工作

表 5-5　顶岗实习观察记录表（一）

建议：在不干扰幼儿园一日生活与教学的基础上，认真观察其他教师所做的保教工作，并对照下表进行记录，把表格中有的、而且在观察过程中发现确实出现的保教工作记录下来，记录方法为在相应的保育工作后面的空格内中打√。注意：表格中数字 1~10 代表实习的第几天（如 6 代表第 6 天，即见习第二周的第一天），请认真仔细观察的基础上慎重填写，不可凭空捏造。

生活环节	保育工作	老师们做到了哪些					我做到了哪些				
		1	2	3	4	5	6	7	8	9	10
入园	热情接待来园幼儿										
	注意观察幼儿精神及情绪，做好衣物、药物等交接手续										
	检查幼儿有无携带不安全物品										
进餐	随时进行生活卫生常识的教育，重视个别指导										
	组织幼儿早餐，教师注意为幼儿创设安静愉快的进餐氛围，掌握每个幼儿的进餐量，干稀搭配，并注意对幼儿进行卫生习惯的培养										
	安排好先吃完早点的幼儿，进行区域活动										
户外运动	组织幼儿按意愿如厕、饮水，要求幼儿使用自己的水杯和毛巾										
	提醒幼儿及时擦汗、适量喝水										
	开展符合本班年龄、动作发展水平的体育游戏活动，使幼儿在轻松愉快的氛围中能充分、自由地活动起来，使其身体各部分得到锻炼										
	在活动中注重安全教育，随机教给幼儿自我保护的方法，确保幼儿安全										

表 5-5 **顶岗实习观察记录表（二）**

生活环节	保育工作	老师们做到了哪些					我做到了哪些				
		1	2	3	4	5	6	7	8	9	10
盥洗	督促幼儿正确、迅速用肥皂、流水洗手，要求幼儿知道节约用水及正确的洗手方法										
	如厕时帮助整理衣服有困难的幼儿										
	引导幼儿自己学会使用手纸，对于不会使用的，应给予帮助										
教学	根据幼儿年龄特点，按计划实施教学活动，要求活动设计合理，以多种形式吸引幼儿参与，以丰富的材料调动幼儿多种感官，并鼓励幼儿积极进行操作										
	教学活动要体现幼儿为主体，注重活动过程，鼓励幼儿提出问题，展开想象，保护幼儿思维过程中的创新意识，引导幼儿根据事物间的联系提出不同的见解										
	培养幼儿良好的学习习惯、操作习惯，教育幼儿注意用眼卫生										
	坚持启发、引导、鼓励的正面教育原则，因材施教，使每个幼儿在原有基础上得到不同的发展										
午睡	巡视幼儿睡眠情况，纠正睡姿，盖好被子，发现异常情况及时处理并做好记录，若有危急情况速与行政值班人员和医务人员联系										
	提醒幼儿有序地穿脱、整理衣服										

表 5-5 **顶岗实习观察记录表（三）**

生活环节	保育工作	老师们做到了哪些					我做到了哪些				
		1	2	3	4	5	6	7	8	9	10
午睡	观察幼儿的面色、睡姿、通风情况、幼儿盖被子情况										
	在幼儿就寝过程中，做好看护工作，发现情况及时处理										
游戏	组织幼儿开展游戏活动，保证游戏时间，根据游戏内容创设合理丰富的游戏环境，为幼儿提供丰富的材料和玩具，激发幼儿游戏兴趣，使幼儿获得全面、和谐发展的机会										
	以角色身份参与游戏，观察幼儿发展水平，引导幼儿创造性地使用玩具及材料，鼓励幼儿积极交往，并能独立解决问题										
离园	检查幼儿的个人卫生，检查幼儿的个人物品有无遗失										
	与患病儿童家长沟通服药情况										
	提醒家长配合做好幼儿被褥添加、清洗等工作										
	热情接待家长，主动、有针对性地与家长沟通，交流，争取家长配合共同教育幼儿										
	注意培养幼儿文明礼貌行为及用语，督促幼儿整理、还原玩具、用具										
	写好班级保教记录，清洁地面及公共场所，冲洗厕所，整理室内教、玩具，关好水、电、门窗。										
其他											

表 5-6

专项教学工作观察与评析表

（幼儿园课堂教学活动评价表）

建议：在保教实习中，对班级进行幼儿集体教学活动观察与分析。请指导老师对自己教学活动多维度的影响因素进行合理性评析和反思自己在教学活动能够达到哪个等级，哪些方面还存在不足需要改进和提高。

<table>
<tr><td>活动名称</td><td></td><td>成绩</td><td>等级</td><td colspan="4"></td></tr>
<tr><td rowspan="2">评价内容</td><td rowspan="2" colspan="3">评价要求</td><td colspan="4">评价等级</td></tr>
<tr><td>A</td><td>B</td><td>C</td><td>D</td></tr>
<tr><td rowspan="3">A. 教学目标
20%</td><td colspan="3">1. 注重幼儿的全面发展和良好习惯的培养</td><td></td><td></td><td></td><td></td></tr>
<tr><td colspan="3">2. 目标明确具体、多元化，指导幼儿学什么，怎样学</td><td></td><td></td><td></td><td></td></tr>
<tr><td colspan="3">3. 内容正确，具有针对性，深浅适度，联系幼儿生活，符合幼儿实际情况</td><td></td><td></td><td></td><td></td></tr>
<tr><td rowspan="5">B. 教学过程
40%</td><td colspan="3">1. 围绕目标，创设情景，组织有效合理的学习活动，结构有序，层层分明，时间安排合理</td><td></td><td></td><td></td><td></td></tr>
<tr><td colspan="3">2. 能充分发挥幼儿的主动性，积极参加各项活动，有充分思考和练习的机会，手脑并用获取知识</td><td></td><td></td><td></td><td></td></tr>
<tr><td colspan="3">3. 既面向全面又注重个体差异。</td><td></td><td></td><td></td><td></td></tr>
<tr><td colspan="3">4. 注意观察幼儿，指导有针对性，启发性，可操作性</td><td></td><td></td><td></td><td></td></tr>
<tr><td colspan="3">5. 方法手段选择合理，恰当有效，能突出重点，抓住关键，释注疑点，并注意幼儿主体性，获得较高效益</td><td></td><td></td><td></td><td></td></tr>
<tr><td rowspan="4">C. 教师基本素质
20%</td><td colspan="3">1. 教态亲切、自然，既尊重幼儿又严格要求</td><td></td><td></td><td></td><td></td></tr>
<tr><td colspan="3">2. 语言简练规范、生动、富有感染力，易于幼儿理解</td><td></td><td></td><td></td><td></td></tr>
<tr><td colspan="3">3. 教具制作恰当，演示操作标准</td><td></td><td></td><td></td><td></td></tr>
<tr><td colspan="3">4. 有较强的工作能力和教学机智</td><td></td><td></td><td></td><td></td></tr>
<tr><td rowspan="2">D. 教学效果
20%</td><td colspan="3">1. 幼儿态度积极，情绪良好，注意力集中，思维活跃</td><td></td><td></td><td></td><td></td></tr>
<tr><td colspan="3">2. 幼儿的能力得到充分发挥，目标达到良好</td><td></td><td></td><td></td><td></td></tr>
</table>

表 5-7　区角活动观摩记录表

建议：区角活动，是指教师根据教育的目标和幼儿发展的水平，有目的地创设活动环境，投放活动材料，让幼儿按照自己的意愿和能力，以操作、摆弄、探索为主的方式进行个别化的自主学习。在区角活动中，幼儿自主参与活动，自发地学习，促进了幼儿之间的互相交流，培养了幼儿与人交往的能力，同时锻炼了幼儿动手操作的能力，主动参与、好奇好问的能力，同时也增强幼儿的表现力和综合能力，促进幼儿社会性的良好发展，本园提出的“三自”教育正好能在区域活动的开展中发挥作用。

<table>
<tr><td>研讨主题</td><td colspan="4">如何让幼儿在活动区活动中体现“三自”教育</td></tr>
<tr><td>时间</td><td></td><td>地点</td><td colspan="2"></td></tr>
<tr><td colspan="3"></td><td colspan="2">观察人：</td></tr>
<tr><td colspan="3"></td><td rowspan="2">策略、方法的有效性*(A/B/C/D)</td><td rowspan="2">备注</td></tr>
<tr><td>教师引导(可是隐性的规则、材料等)</td><td>幼儿反应</td><td>策略与方法</td></tr>
<tr><td></td><td></td><td></td><td></td><td></td></tr>
</table>

*注：策略与方法的有效性：A—非常有效，B—比较有效，C—无效，D—反作用

表 5-8

主题活动研讨记录表

建议： 幼儿园主题活动是一种研究型的课程，是幼儿围绕着一个主题，进行自主观察、探索周围现象和事物，教师适时适度地予以支持和引导的一种系列活动。每一个主题都尽可能靠近幼儿的生活，尽可能最大限度地满足幼儿的兴趣和需要，同时提出主题涉及的主要课程资源，每个主题都通过网络的方式表现主题开展的基本线索。通过对主题目标、内容的确定和主题展开线索的呈现，进一步设计主题环境、教学活动、实践活动，确定家园联系工作及游戏等，所以每个主题活动都要从多维度来进行分析和探索，丰富主题内容。

月份	主题名称	主题墙饰	实践活动	注意事项
3 月				
4 月				
5 月				
6 月				

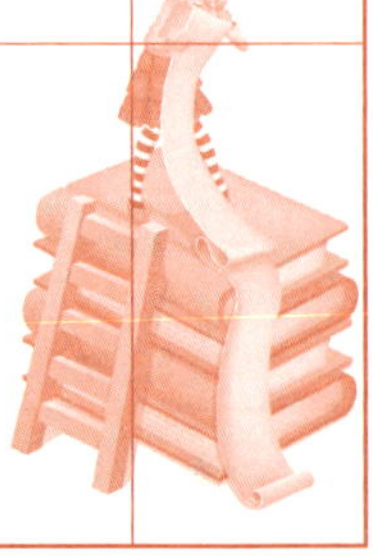

表 5-9　保教工作案例观察记录与评析表（一）

建议：至少观察记录教学活动中的一个典型教育工作案例，这样有利于锻炼同学们观察别人与反思自己的能力，还有利于培养同学们评价他人与自我评价的能力。

教学活动	工作案例记录	案例评析与建议
区域活动		
集体活动		

表 5-9 **保教工作案例观察记录与评析表（二）**

教学活动	工作案例记录	案例评析与建议
户外活动		
自主游戏		

表 5-10　**顶岗阶段反思与总结**

问　　题	反　　思
你认为保教工作重要吗？它的重要性体现在哪里？	
做好保教工作，教师应该具备哪些基本素质和能力？	
你认为幼儿园保教结合工作做得怎么样？有什么需要改进的？如何改进？	

表 5-11

我的体会（一）

学生填写：
可以记本次顶岗实习中的人与事，表达自己的感悟、想法等。
表现方法不限。

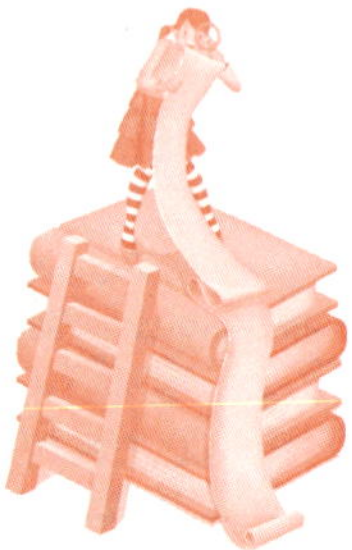

学生：
年 月 日

表 5-11

我的体会（二）

学生填写：

可以记本次顶岗实习中的人与事，表达自己的感悟、想法等。

表现方法不限。

学生：

年　月　日

表 5-12　学前教育专业学生顶岗实习成绩评定表

实习生姓名		实习班级		幼儿园　　班
实 习 评 语				

实习成绩：____________　　指导教师(签名)：____________

班主任教师(签名)：____________　　园长(签名)：____________

年　　月　　日

附　　录

附录一　观察记录案例

《奇妙的蛋宝宝》

杨　丽

背景资料：在进行武汉市主题探究课程《有趣的动物》这一主题时，我将自己画的美羊羊蛋宝宝带到幼儿园布置相应的主题环境。孩子们非常感兴趣，追着问我，美羊羊是怎么样画在鸡蛋上的呢？我可不可以画恐龙在鸡蛋上啊？各种各样的想法层出不穷。《幼儿园教育指导纲要(试行)》中指出：要善于挖掘幼儿感兴趣的事物，并能根据幼儿的现有水平与发展需要，选择贴近幼儿生活的教学内容。于是，我萌发依托主题借用熟蛋这一生活中常见的食料，开展一节艺术领域活动《蛋宝宝的聚会》。

观察时间：2011 年 6 月

观察地点：活动室

观察对象：全体幼儿，部分喜爱画画的孩子，如：李欣雨、郑淳之、廖文宣；部分自控能力较弱的孩子，如林思汀、陈子瑜等。

观察目的：了解孩子最近发展区，针对孩子的兴趣点，有效地组织开展艺术创作活动。

观察实录：

片段一：训练孩子绘画基本技巧。在教孩子们掌握直线、曲线、弧线以及各种图形组合成图案的过程中，我在黑板上演示了几种画法，并提醒孩子们要注意有规律排序。看到我的示范，大家兴奋地拍起手来，看得出，孩子们非常喜欢我画的图案。巡回指导时，我发现大部分孩子依葫芦画瓢起来，有的甚至和我的示范一模一样，就连平时富有想象力的廖文宣也与我的画八九不离十。这时，我走到能力较强的孩子跟前，当来到欣雨面前时，我先肯定了她的画，然后启发式地提问说："除了画有规律的图案，各种图形和线条还能重新组合成什么动物、建筑物或植物呢。"欣雨听了我的启发，开始用曲线表示植物的茎，用三角形、圆形、螺旋形等表现花的外形，画面渐渐生动起来。活动结束，我收集孩子们的作品，发现孩子的作品内容丰富，风格各异。

片段二：体验在操作材料"沙蛋"上作画。在孩子们掌握了绘画基本技巧的基础上，我尝试让孩子在蛋上作画。首先利用操作材料中的小沙蛋，让孩子体验在蛋上作画的感觉，然后再在实物蛋上作画。幼儿操作中，我发现在蛋上作画和纸上作画完全不同。有的孩子在拿蛋时，因为不小心摔在了地上，比如：陈子瑜因为性子急躁，沙蛋掉在地上，影响了他作画的情绪，从凌乱的线条中看出，他明显失去了耐性；有的孩子作画时，只画到了蛋的一面，当蛋转动时，另一面是空白的，所以画面缺乏完整感；还有的孩子在涂色时遇到了力度掌握不好，导致颜色涂出了轮廓外，比如：郑淳之的线条、图形的创造十分到位，涂色时因为落笔时打滑，许多颜色涂到了轮廓外，整体画面缺少整洁感；平时自控能力较差的孩子，如林思汀干脆不画了，在一旁拿着沙蛋玩起游戏来。这些情况都是出乎我意料的，没想到让孩子在小小的蛋上作画，会遇到这么多困难。

片段三：作品评议。我组织孩子们对一些幼儿作品进行评议。肖沐奇指着其中一个作品说："我觉得画得很漂亮。"李欣雨说："我觉得她画得很美丽。"问了几个孩子，他们的回答都简单地停留在好看、美丽或漂亮上，不能完整地表达出作品究竟美在哪里，为什么觉得美。孩子们没有从艺术创造中的颜色、构图、布局的合理性等方面去评议。

分析与措施：

中班幼儿学习的动机感性多于理性。他们通常是凭着兴趣去主动探索和学习的。因此，当我将画有美羊羊的装饰蛋带到幼儿园时，迅速引起了孩子的注意力。美羊羊的形象来自于孩子熟悉喜爱的动画片，熟蛋更是孩子们经常接触的食物之一，但将熟蛋进行艺术创作，是孩子没有尝试过的。正因为有了好奇，才激发了孩子的求知欲。孩子们首先关注的是事物的趣味性，是否吸引人，其次才有可能在成人引导下进行相应的创作。依托主题，选择蛋这一日常生活中常见的材料来组织艺术创作活动无疑可以激发孩子们的创作欲望。

观察(一)中反映出目前幼儿绘画活动中，我们的教学方法仍是：教师示范，幼儿模仿的固定模式。教师的范例往往束缚了幼儿的创造性思维，这种传统教学模式是幼儿被动学习的过程，导致画出来的作品呈现出成人思想的翻版，没有一定的想象力和创造性。

措施：运用现代教育技术手段激发幼儿学习兴趣

制作PPT课件，利用一系列彩蛋图片，让幼儿感受到彩蛋的美，并产生制作彩蛋的冲动，为引导幼儿进一步学习打下基础。彩蛋图片可为幼儿制作彩蛋提供直观、美好的范例，有利于帮助幼儿较快地掌握装饰彩蛋的方法。利用在网上下载的“绘制彩蛋”的软件，让幼儿在电脑上练习用软件装饰彩蛋，为彩蛋绘制不同的花纹和填充美丽的色彩，从而进一步帮助幼儿巩固彩蛋装饰的方法，培养幼儿的审美意识。

观察(二)中之所以出现许多预料外的情况，一方面是因为我对操作材料的不熟悉，另一方面是我缺少对活动过程的预设。皮亚杰也曾说过：“儿童不能像成人那样有效地满足个人情感上的甚至智慧上的平衡，他具有一个可利用的活动领域，在这个领域中他的动机并非为了适应现实，恰恰相反，却让现实同化，这样的活动领域便是游戏。”当孩子在创作中遇到困难时，教师应适时引导，利用游戏或创造生动形象的游戏情境来组织教学，相信孩子们会更加积极主动地参与创作。

措施：(1)创设游戏情境，让幼儿在玩中学

结合故事、猜谜或创设“蛋宝宝聚会”的游戏情境，使幼儿获得愉悦、新奇的情感体验，激发幼儿创造出别具一格的意象。幼儿在强烈好奇心的驱使下，就会通过游戏活动来学习、成长。

(2)学会“放手”，支持幼儿自主探究

解放孩子的大脑和手，当孩子在操作过程中遇到困难时，教师要学会“放手”，做一个观察者、引导者，让孩子自己从中体验到“试误”和发现的乐趣，体验独立思考和行动的乐趣。我认为体验到失败和错误并不可怕，可怕的是不能从失败和错误中吸取教训。

观察(三)评议作品。绘画是幼儿借助画笔表达自己对现实事物的认识态度、内心情感的一种手段，是与其兴趣、智力乃至个性品质的健康和谐发展密切相关的。因此，幼儿绘画教学意义不在于幼儿“作品”的水平，而在于绘画活动本身。幼儿的经验是需要日积月累的，有意识的引导和创设美的环境等，都会对幼儿的审美、表现美起到潜移默化的作用。

措施：引导幼儿“学会审美、学会创造”

借用网上大量的蛋壳装饰作品，让幼儿充分欣赏线条、图形与色块的美，然后

引导幼儿用小眼睛寻找作品中的线条和图案，体会作品中线条、图形与色块组合的方式，丰富其美感经验，从而培养欣赏美、感受美、创造美的能力。绘画时不要求幼儿有多高的绘画技巧，而在于你是否用心去体会，用心去表达，并追求画面的多样与别出心裁。

附录二　教育叙事案例

教育笔记：我们用双手撑起生命的桥梁

杨　丽

幼儿园一年一度的趣味亲子运动会在我园开展。家长和孩子们愉快地参与了四个不同的亲子游戏，我们以集体游戏《太空漫步》作为亲子运动会的高潮来结束这次活动。游戏需要家长们互相协作将滑溜布悬空支撑起一座直直的“太空桥梁”，且让孩子们从“桥梁”上爬过。在这个活动过程中安全是首要问题，为了让孩子们安全走过“太空桥梁”，家长们的手绝对不能松开。我清晰地介绍了整个游戏规则以及分配好桥头桥尾衔接的家长以后，游戏正式开始。家长们陆续牵起了滑溜布，可能是孩子们从没玩过这样的游戏，在第一轮游戏中很多孩子都不敢爬上滑溜布，或者是坐在上面不敢前行，看着这样的景象，我和家长们都很着急。由于布的承重有限，孩子们又集中在布的中心，这样很容易将滑溜布扯破，后果不堪设想，于是我不停地发出口令引导孩子们往前快速爬并用手帮孩子前行。甜甜的妈妈站的位置正好是孩子们聚集的中心位置，她突然松开原本紧握着布的手一把抱起不敢爬上滑溜布的甜甜，帮她爬上滑溜布好让她和其他孩子一同游戏。“这位家长，你怎么能松手呢？这么多孩子在上面，万一出事怎么办？”豆丁妈妈边拽紧手中的布边生气地大喊道。甜甜妈妈没有理会，还是执意将孩子抱上滑溜布。“真是没有一点责任感，怎么会有这样的人，别人的孩子就不是孩子啦？万一出事谁负责？”我从不远处听到豆丁妈妈一个劲儿地指责甜甜的妈妈，而甜甜妈妈没有跟她发生任何冲突，我赶紧走过去，没有过问什么直接拉起滑溜布，再次大声重复：“为了孩子们的安全，请家长们不要松开手。家长们也多多鼓励孩子们加油，快快爬。”见我这样，原本站在旁边帮忙看管家长们衣物的一位奶奶走到甜甜妈妈身边，轻声说：“来来，你去抱孩子爬上滑溜布，我帮你拽着。”说完又侧过头对我说：“孙老师，没事儿！这里有我，您去组织孩子们。”我谢过这位奶奶赶紧松开手继续引导孩子们快速往前爬。

运动会结束后，我分别单独与豆丁妈妈和甜甜妈妈聊了一聊，并说出了我自己的想法。从甜甜妈妈的角度来看，别人的孩子都上去玩了，我的孩子还站在下面没人管，万一别人踩到她，推倒她，甚至偷偷带走她，怎么办？站在其他家长和孩子的角度看，甜甜妈妈的手等同于孩子们安全桥梁的一个重要支点，她的离开会让所有在滑溜布上的孩子陷入危险状态。孰轻孰重？孰是孰非？相对而言我非常认同和由衷地感激那位奶奶的做法。在情急之中相互指责是无用的，互相体谅、主动配合和帮助才能更好地解决问题。

在这次的游戏中，老师应该拥有比任何人都冷静智慧的头脑，我们的手是撑起孩子安全的桥梁，家长的责任是尽心尽力地撑起滑溜布，让每一个孩子安全地度过，老师的职责是要让每一个孩子安全地游戏，最后安全地回到爸爸妈妈身边。老师在这个游戏中的作用最为重要，因为老师是整个亲子游戏的设计者、支持者、合作者和引导者。在设计游戏时就应该把每一个细节和可能发生的情况考虑在先，并提前做好解决的策略和整改的办法，然后根据实际游戏进行灵活调配和变动。其次是讲述游戏规则以及任务分配。在一日活动中，我们和孩子们开展游戏活动时应该是先规则后实施，如果在实施过程中发现问题应及时停止，与孩子共同解决问题再继续游戏。在游戏参与人数较多的情况下，更要严格按照这样的策略实施。最后齐心协力地帮助孩子安全快乐地完成游戏。

《纲要》中指出“教师应该把保护幼儿的生命和促进幼儿的健康放在教育工作的首要位置”。家长们把孩子们送入幼儿园的目的之一就是让孩子早些融入集体生活，让孩子在情感、知识能力等各方面得到早期优质的教育。爱集体爱同伴，勇敢自信，有同情心和责任感，学会合作分享，能够适应集体生活等，家长是幼儿园教师的重要合作伙伴，我们需要家园合作，使幼儿在园区获得的学习经验能够在家庭中得到延续、巩固和发展；同时，也使幼儿在家庭获得的经验能够在幼儿园的学习活动中得到应用。家园密不可分，只有家长与老师把双手同时撑起，才能架起这座生命的桥梁。

附录三　幼儿园教学活动设计案例

数学活动：感受一分钟（5~6岁）

崔欢欢

一、设计意图

时间对于我们来说是非常宝贵的。为了能够准确地掌握时间，人类发明了钟表。有了钟表，我们不但可以准确地掌握时间，还能有效地把握时间，防止时间无谓的流失。大班的孩子对时间已经有初步的了解。我们已经认识过整点、半点，但是还没有具体地认识过具体的时间概念。本人就是想通过这次活动让孩子们感受一分钟的时间，具体地学习分秒关系，也希望这次活动能够让孩子们认识到时间的宝贵。

二、设计方案

活动目的：

1. 乐于参加“一分钟”的游戏活动。
2. 建立一分钟的时间概念，初步理解秒与分的关系。
3. 通过“一分钟”的游戏活动，懂得时间的宝贵。

活动准备：

1. 经验准备：认识时钟，能够分辨时针、分针、秒针。
2. 物质准备：多媒体Flash《认识时间》、球、瓶子、花生米、盘子、筷子、记录表。

活动过程：

(一)导入活动。

教师给孩子播放动物赛跑的动画片，初步感受秒。

(二)认识一分钟。

1. 观察时钟，复习时针、分针、秒针，感受三种针走动的快慢。
2. 感受秒钟走动。教师播放Flash，让幼儿观察。
3. 认识一秒钟。秒针每走一个格子就是一秒钟。
4. 理解秒与分的关系。教师播放Flash，让幼儿观察。
5. 观察分针的走动。教师播放Flash一分钟，让幼儿观察分针的走动情况。

6. 总结：秒针走一圈是 60 下，也就是 60 秒。分针走动一下就是一分钟。所以 60 秒就是 1 分钟。

（三）“一分钟”游戏。

1. 教师再次播放 Flash，让幼儿闭上眼睛感受一分钟有多久。

2. 讨论：一分钟能做什么事情？

3. 游戏一：夹花生米。

A，让幼儿预测自己能够在一分钟的时间里完成夹花生米，并记录下来。

B，幼儿一分钟夹花生米游戏。

C，是否完成，并记录下来。

D，小结：原来一分钟时间是非常短暂的，所以小朋友们要学会珍惜时间。

4. 游戏二：一分钟拍球。

A，让幼儿预测自己在一分钟的时间里能拍多少下球，并记录下来。

B，幼儿一分钟拍球游戏，并将结果记录下来。

C，小结：原来只要你学会了珍惜时间，一分钟还是可以完成一些事情的。

三、总结

今天我们一起认识了秒钟，并且还知道了一分钟有 60 秒。我们还知道了生活中也有许许多多和秒有关的东西。看来秒在我们的生活中也是非常重要的，秒过得很快，一瞬间就过去了，所以时间是非常宝贵的，小朋友们也要珍惜自己的时间，做更多有意义的事情。

延伸活动：

教师播放《生活中的秒》，让幼儿感受生活中重要的秒。

活动反思：

《感受一分钟》虽然被定义为一节大班的数学活动，但是我个人认为它不仅仅只是一节数学活动。因为该活动给孩子更多的却是思维的发展与社会经验的构建。

大班的孩子对时间有一定的兴趣，尤其在经过老师的正确引导之下，对时间的认识是非常准确的。在大纲中，我们要求孩子认识钟面，接着认识整点时间和半点时间，但是孩子们对感受时间还是一个空白。因此，我设计的核心思路就是让孩子感受一分钟的长短，并且初步感知时间的珍贵，懂得珍惜时间。

活动的导入是把一场动物运动会引到时间的主题上。第一部分就是通过让孩子复习或者是回顾对时钟的认识以及分秒的关系，让一些还没有明白和理解的孩子在这里可以再次学习、再次巩固经验。第二个部分是本活动的核心部分，也就是感受时间的长短。通过各种方式和游戏让孩子感受一分钟时间的长短，并运用语言的描述以及预测，再经过实验证明，让孩子更为深刻地感受一分钟时间的珍贵。

这个活动中，我将一秒钟的感受删除掉了。因为在以往的教学中，我觉得一秒钟的感受与一分钟的感受相比，一分钟更容易被孩子察觉，更容易去感受。所以，我也是有意识地在本节教学活动中解决一个问题，那就是对一分钟时间的感受。对一秒钟的感受不应该是一带而过，需要在孩子们感受一分钟以后，在此经验基础之上再去感受一秒钟的长短，这样孩子也许更容易理解。

除此之外，我个人认为数学活动需要教师反反复复的引导。我指的不是反复的说教，而是在孩子们需要的时候适时指导。虽然说本节课定在了感受一分钟的内容上，但是活动中不乏一些点数、唱数、数字书写，甚至数位读数的数学内容。而且不是一味地说教，是让孩子在游戏中，主动寻找答案从而锻炼其能力。

以往我在设计数学活动的时候，非常重视数学的操作。因为动手操作是孩子们学习数学最为有效的途径。至今，我还是这么看的。但是这样一节教学活动，虽然有游戏操作成分，但是和数学没有直接的关系。对于我和孩子们来说，这不仅是一次新的尝试，孩子们在这次活动中玩得很开心，收获很大。这样的活动更加富有活力，孩子们的思维活跃，情绪也很活跃。无疑，这种模式的活动设计也是一种新的思维模式。

当今，信息化技术和多媒体教学正逐渐用在幼儿园的活动中。很多专家和学者纷纷发表其看法，众说纷纭。有的说，多媒体不太适合让孩子接触，对其身心发展有很多不利的影响；有的说，多媒体教学更能吸引孩子的兴趣和注意力，能达到更好的教学效果。

在我看来，多媒体运用在幼儿园活动中是一把双刃剑。如果完全依赖它，会产生副作用。但是完全否认，也绝对不是理性的。正如这节活动，如果没有多媒体技术的支撑，老师是很难让幼儿理解分与秒的关系的。在我研究的课题中就有涉及专门针对多媒体的，实践证明，在认识“时间”的活动中，运用多媒体教学确实能更高效率地让孩子理解。

“教育是缺憾的艺术！”

做教育的人，一定会认可这句话。没有人能够组织与设计完美的教学活动。不过，只要它适合孩子的，适合教师的风格就是好的教学活动。当然，每次活动也会留下许多不足和遗憾。为此我在观摩别人的教学活动时，我会吸纳值得我借鉴的东西。虽然并不都是适合我，但可以取长补短。我们只有通过反复的实践，不断的反思，加强自身素养的培养，我们的教学活动就能开展得更好！

附录四 幼儿园大型活动方案案例

家长开放半日活动实施方案

崔欢欢 钱慧丽 江 华

一、晨间活动(7:50~8:10)

1. 晨检：教师热情接待每个幼儿，并观察每个幼儿的精神状态及仪表整洁情况。

2. 户外活动：跳圈

目标：灵活地单双脚交替跳圈，能连续单脚跳5个圈。

准备：彩圈若干。

3. 早操：

目标：跟着音乐有节奏有精神地做操。

二、盥洗、早餐(8:10~8:40)

1. 自主放书包，如厕盥洗，做好进餐准备。

2. 值日生帮忙分发餐盘和筷子，请幼儿愉快、安静地进餐，教育幼儿节约粮食，保持桌面干净，并且吃完后主动漱口。

三、活动区活动(8:30~9:30)

区域游戏：

1. 重点指导美工区，临摹本周绘画主题——鱼儿游。

2. 重点指导科学角幼儿学会看示范图——玩小球滑滑梯。

角色游戏：

1. 重点指导旅行社，导游要学会介绍景点。

2. 重点指导表演区，主动为观众介绍节目内容。

四、分组教学活动(9:30~10:00)

活动一：科学活动《感受一分钟》

活动目标：

1. 乐于参加“一分钟”的游戏活动。

2. 建立一分钟的时间概念，初步理解秒与分的关系。

3. 通过“一分钟”的游戏活动，懂得时间的宝贵。

活动准备：

经验准备：认识时钟，能够分辨时针、分针、秒针。

物质准备：多媒体 Flash《认识时间》、球、瓶子、花生米、盘子、筷子、记录表。

活动过程：

（一）导入活动。

教师给孩子播放动画片，播放动物赛跑，初步感受秒。

（二）认识一分钟。

1. 观察时钟，复习时针、分针、秒针，感受三种针走动的快慢。

2. 感受秒钟走动。教师播放 Flash，让幼儿观察。

3. 认识一秒钟。秒针每走一格就是一秒钟。

4. 理解秒与分的关系。教师播放 Flash，让幼儿观察。

5. 观察分针的走动。教师播放 Flash 一分钟，让幼儿观察分针的走动情况。

6. 小结：秒针走一圈是 60 下，也就是 60 秒。分针走动一下就是一分钟。所以 60 秒就是一分钟。

（三）“一分钟”游戏。

1. 教师再次播放 Flash，让幼儿闭上眼睛感受一分钟有多久。

2. 讨论：一分钟能做什么事情？

3. 游戏一：夹花生米。

A. 让幼儿预测自己能够在一分钟的时间里完成夹花生米，并记录下来。

B. 幼儿一分钟时间夹花生米。

C. 是否完成，并记录下来。

D. 小结：原来一分钟时间是非常短暂的，所以小朋友们要学会珍惜时间。

4. 游戏二：一分钟拍球。

A，让幼儿预测自己在一分钟的时间里能拍多少下球，并记录下来。

B，幼儿一分钟拍球游戏，并将结果记录下来。

C，小结：原来只要你学会了珍惜时间，一分钟还是可以完成一些事情的。

活动总结：

今天我们一起认识了秒，并且还知道了一分钟有 60 秒。我们还知道了生活中也有许许多多和秒有关的事情。看来秒在我们的生活中是非常重要的，秒过得很快，一瞬间就过去了，所以时间是非常宝贵的，小朋友们也要珍惜自己的时间，做更多有意义的事情。

延伸活动：教师播放《生活中的秒》，让幼儿感受生活中重要的秒。

活动二：健康活动《勇敢跳跳跳》

活动目标：

1. 乐于接受挑战，体验从越来越高的高度往下跳的快乐与成功。

2. 尝试凳子的多种玩法，探索发现从高处往下跳的动作要领。

3. 能根据自己的能力选择不同的高度大胆往下跳。

活动准备：

知识经验的准备：有一定的玩凳子的经验。

物质材料的准备：凳子若干、娃娃、地垫等。

活动过程：

(一)准备活动：我和凳子做朋友

(二)基本部分：

1. 自由玩凳子：激发、鼓励幼儿自由探索方凳的多种玩法，并及时请幼儿示范自己的玩法(可以一个人也可以几个同伴合作玩)。

2. 探索发现从凳子上往下跳的动作要领。

请幼儿观察、比较从凳子上往下跳站得稳和站不稳的现象中发现从高处往下跳的动作要领(双脚并拢，屈膝摆臂向上跳，前脚轻轻掌着地，屈膝缓冲)，反复尝试。

3. 挑战从越来越高的凳子上往下跳。

★设置三种高度，请幼儿选择自己适合的高度练习从高处往下跳。

★进一步规范从高处往下跳动作的要领。

★提醒幼儿注意保护自己。

4. 情景游戏：我是小小志愿者

走过小桥，从高处往下跳过障碍物(高度自选)，救出“受伤的小动物”，送到爱心医院救治。

(三)结束活动：小小志愿者圆满完成任务，让我们一起庆祝吧！(放松结束。)

五、间点：蜂蜜水(10:00~10:10)

目标：幼儿能按需自主地倒蜂蜜水，学习自己擦桌子。

六、户外活动(10:15~11:15)

1. 自由活动：在体能室和功能室活动。

2. 综合操：花棒操。

3. 集体活动：花棒乐。

目标：能用花棒变换游戏的多种玩法。

七、餐前活动(11:15~11:30)

餐前阅读《狐狸和葡萄》。

八、中餐(11:30~12:00)

目标：1. 值日生介绍食谱，并帮助小伙伴分发餐具。

2. 会搭配饭菜吃。

九、散步及午睡(12:00~12:10)

目标：能按照顺序穿脱衣物，并学习简单地整理床铺。

体智能亲子趣味运动会活动方案

活动时间：2014年11月13日9:00(大班组)

11月14日8:45(小班组)

11月14日10:00(中班组)

活动地点：幼儿园操场

参加人员：全园家长与幼儿、全体教师

活动准备：

1. 环境氛围营造：现场横幅、音响准备(熊健、刘洁、陈靖)

2. 提前召开教师工作会进行活动说明及注意事项，准备家长通知书和签到表(王寒)

3. 领导席准备：条桌、椅子

4. 着装：幼儿运动园服(小班自行统一)、家长白色上衣，深色运动裤，教师红运动服、黑裤子；穿着便于运动的鞋子(各组组长)

5. 器械：班牌、11个龙球、滑溜布、空气棒、地胶贴、彩虹伞

活动时间安排：

大班组：

8:00：开场舞老师到位(大班幼儿不做早操，老师换衣服、化妆提前安排，许佳静负责)

马丽霞进中二班帮忙到开场舞结束，班级教师换装回班。

8:40：家长大门签到候场准备(刘丽、童金秀、汪娟)

8:45：大班组全体教师及幼儿准备；开场舞教师准备好(王寒、熊蕾蕾)

9:00：活动开始

小班组：

7:40：小班幼儿不做早操，王寒、邓永勤、汪娟、童金秀进班帮忙早餐

开场舞教师准备，解茜负责；马丽霞进中二班

8:25：小班组家长签到候场准备

8:35：小班组全体教师、幼儿候场准备(张琪)

8:45：活动开始

10:00家长退场(从操场南二门退场)顺序：小三班、小二班、小一班、小四班，负责人为各班班长

中班组：

9:45 中班家长大门口签到（刘丽、童金秀、汪娟），在大门右侧候场

9:50 中班幼儿及教师候场操场入口：（马丽霞进中二班帮班）

9:50 开场舞教师准备，解茜负责

10:15 活动开始

活动流程：

一、教师开场健美操《小苹果》

二、主持人上台宣布活动开始

幼儿入场（大中班幼儿从操场入口处入场（家长在各班草地候场准备，与孩子队伍对应；小班幼儿和家长一起从操场入口处入场）

三、升旗仪式

1. 升旗仪式（熊蕾蕾、李小霞负责）（大班、中班升旗：4 名教师和 4 名幼儿）

2. 幼儿、家长、园长致辞（中班、大班幼儿致辞、小、中、大班家长致辞）

四、趣味亲子运动会

A. 幼儿快乐动（15 分钟）

1）口令带动

2）《欢乐天使 GO》

3）《小苹果》

B. 亲子欢乐动（家长进场，顺序和上面一样）（45 分钟）

1）口令带动：请爸爸妈妈跟着老师一起来！

①拍拍手、面对面、互相拍、手拉手、拉有拉、用力拉、摇一摇、用力摇、摇下去、摇上来、自己拍、手打开、抱一抱、亲一亲、亲左脸、亲右脸、亲嘴巴！

②抱起来、好，我们跟着音乐摇一摇。

③下面请把宝宝放到前面，这次我们实验幼儿园嫦娥 2 号火箭开始升空了哦！

2）亲子律动——《亲亲恰恰》

3）亲子游戏——口香糖：贴嘴巴、贴屁股、贴脚丫、贴额头、贴掌心

4）亲子互动游戏

空气棒

①吹气比赛　②平衡训练　③拉力拔　④钻洞　⑤骑马比赛　⑥上传下接　⑦手眼协调　⑧火箭发射

滑溜布

①小鱼游　②太空漫步　③钻山洞（龙球）

绕着地球跑（每个班出 10 位家长代表参赛）（1 轮）

C. 放松活动

缓和放松 搭配音乐《有你的地方就是天堂》

大家一起来运动(全体家长与幼儿)《星星的眼睛》

五、退场：大手牵小手　欢乐回家去

人员安排及工作内容表：

工作内容	人员	责任人
后勤保障及安保负责 悬挂横幅、三个年龄段家长进园时间、小班组家长及幼儿退场 13 日和 14 日食品发放、门厅茶水桶准备 活动中巡视，地贴胶带，中班家长入场栅栏	门卫及保安、程从青、周雪瑛、各班班长	熊健
器械、场地(幼儿、家长)	各班教师	翟晨林
小运动员代表、家长代表、幼儿升旗		各组组长
音响：麦克风、音箱 乐曲准备：运动员进行曲、出旗音乐、国歌、园歌、运动会音乐	刘洁、陈靖	刘洁
照相、接待	邓永勤、刘丽	邓永勤
医药准备	刘珍	刘珍
主　持	许佳静(升旗环节) 各班入场稿 泡泡堂(整场)	许佳静
开场舞		许佳静、解茜

备注：1. 小、中、大班家长幼儿候场，各班班长接待家长、配班组织孩子，

活动准时开展。

2. 整个活动过程中，班级三位老师积极配合并组织好幼儿及家长(每班幼儿站 4 路纵队，家长站在孩子的左侧)。
3. 天气比较寒冷，提醒家长为幼儿穿上适合的衣服。门厅准备好茶水桶，提醒家长自带水杯。
4. 活动结束后空气棒可以带走，请大班及小班家长回班领取食品。
5. 活动结束后有序离场。
6. 统一发给家长邀请函，收回执单，交到保教办王寒老师处。

附录五　家园共育案例

（一）种子粘贴画

沈　洋

实录：

节日课程“五谷丰登”之延伸活动——《种子粘贴画》，任务布置给各位家长，我们的通知是这样的：“各位家长，下午好！本周末有一个亲子作业《种子粘贴画》，请您配合孩子完成！可以选择瓜子、芝麻、豆子、各种米类等材料制作神奇的粘贴画。目的是促进亲子互动，加强幼儿动手能力、创造力的培养。期待家长和孩子一展身手，和孩子们一起制作出生动美丽的粘贴画！种子粘贴的注意事项：因为种子小不易摆放，所以需要先画出大致的构图轮廓，然后按照种子的大小、质地进行选择粘贴制作。一般先粘好轮廓，再粘里面。大面积需要粘贴的地方可先涂好乳胶，然后把种子均匀地撒在上面，用手轻轻压牢，等乳胶稍干后，去除多余的种子即可。”

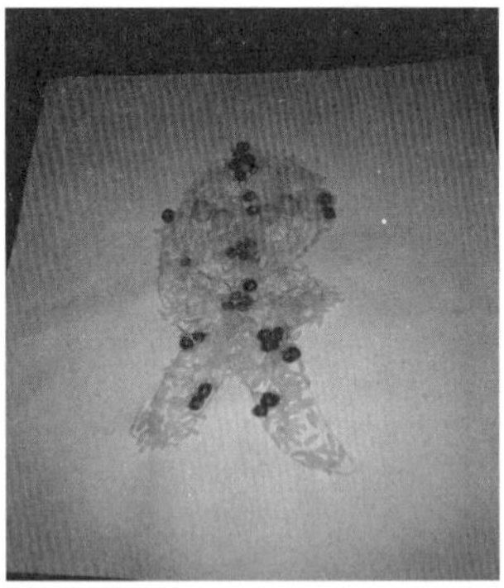

任务布置下去了，周末在家收到家长们的QQ群上发来的消息，态度是非常积极的，似乎都还制作的不错，详细作品如下：

但仔细从部分的亲子作品中，可以看出孩子参与的部分还是很少的，第一幅和第三幅的花盆有些相似，可能是在网上收集的资料。第一幅作品很明显是家长参与的多，孩子制作的少；第二幅作品孩子参与的可能会多一些，奥特曼是男孩子喜欢的，可以看出是孩子自己的想法。下面举几个典型的例子来说明一下我们班家长制作的亲子作品。

例 1：

皮皮妈妈完成的《喜羊羊》。在班级群里皮皮妈妈说：“今天真不容易呀！手破了忍着痛制作作业啊。”我还觉得奇怪怎么皮皮的手受伤了？顺便问了一句：“皮皮的手受伤了吗？”皮皮妈妈说：“是我切菜的时候把手弄伤了，疼死我了。”原来是皮皮妈妈的手受伤了，可想而知粘贴画是皮皮妈妈制作的，这个时候我及时地点赞皮皮妈妈支持工作的态度，但同时也提出了要求：“这次是亲子任务哦！请家长和孩子一起制作完成。”皮皮妈妈也意识到了自己教育观念的错误。

例 2：

在此次活动中，有包办代替的家长，也有积极指导的家长，比如李紫橙妈妈，她和孩子共同完成了作品。在 QQ 上李紫橙妈妈留下了这样的一段话：“《种子粘贴画》是儿子幼儿园这星期的作业，今天上午我和儿子花了两个小时完成了，我给计划的是粘出笑脸，可是儿子说笑脸太单调了，在边上画个房子吧！为什么呢？妈妈，房子代表家，家里天天有笑声才快乐呀！是的，天天都是笑脸日子才幸福快乐！”看到这段话我可以感受到家长和孩子制作粘贴画时互相尊重、其乐融融的气氛。

通过这次亲子作品，我也进行了反思：老师选择什么样的家园互动途径，又应该用什么样的方法达到主题教学的目标及提高家长的教育观念，这是值得我们思考的问题。

老师如何布置主题教学活动任务呢？

首先活动的生成肯定是来源于主题活动，让幼儿了解粮食的种类及特点，认识粮食的种子只是其中的一个子主题，为满足孩子的需求而开展一系列的亲子活动或亲子任务，在孩子们讨论粮食种子的时候，可引导孩子把种子拼成一件美丽的衣服，从而生成《种子粘贴画》。将亲子活动布置给家长，注意通知的内容，家长一定要尊重孩子自己的想法，家长只是适时适宜地介入和帮助即可。

如何引导家长有效地参与亲子活动呢？

《纲要》中指出：家庭是幼儿园重要的合作伙伴，幼儿教师应本着尊重、平等、合作的原则，争取家长的理解、支持和主动参与，并积极支持、帮助家长提高教育能力。这些新理念的提出，要求我们将幼儿园家长工作的重心从以往的“教育家长”转变为“家园平等合作”，要善于利用家长资源，使家长切实参与到幼儿园的活动中来。

1. 转变观念，达成共识

观念是行为的先导，教师应在真诚的沟通中与家长达成共识。因此，第一个环节就是先向家长渗透有关这方面的内容，然后发放问卷调查表。从调查结果来看，家长认为自己有义务参与孩子的教育，但多数家长对幼儿园的工作不了解，只有11%的家长对幼儿园的教育、生活情况了解比较全面，79%的家长只是大致了解环节，10%的家长表示不太清楚。找到了问题的关键，我便对症下药，组织了全体家长参加“关于‘五谷丰登’主题网络图”制定的讨论活动。事先，我引导孩子们进行了有关粮食的话题讨论，并和孩子们一起制成网络图。活动时，我把网络图展示给家长们看，他们不知道这是什么、干什么用的。我向家长们讲解了什么是主题活动、什么是网络图、如何制定网络图、网络图有何功用。当我告诉家长这就是孩子们自己讨论的有关“五谷丰登”主题活动的内容时，他们的眉宇间流露出惊讶、欣喜的表情，讨论会的气氛一下子高涨起来，大家你一言我一语地讲述自己的看法。不管家长说得是否适合我班幼儿，我都一一记录下来。过了几天，我将幼儿、家长、教师共同商定的主题网络图展示在“家园园地”中，家长们驻足观看，有的还将网络图记录下来，说是能更好地了解幼儿在园里的活动情况。

有了家园的沟通和理解，家长们开始积极地参与主题活动的实施。家长们根据共同制作的网络图关注活动的进程，帮助孩子们收集信息，他们或是去图书馆查资料，或是上网查询，或是去大自然中寻找。有的家长带来了图片，有的带来了农作物，有的从农村的田野里捉来昆虫供孩子们观察。家长们通过网络图提前了解了主题活动中各项内容的开展进度，很好地配合了我们的工作。这样一来，家长们从被动变成主动，缩短了幼儿园与家长、家长与教师之间的距离，家长在百忙之中也乐于满足孩子们的各种要求。从家长们的行为来看，他们对我们的主题教育活动有了新的认识，在观念和行为上有了转变。

2. 邀请家长观摩教育活动

家长在观念上、行为上有了新的认识后，我邀请家长观摩主题教育活动。只要家长有时间，他们可以随时进班参与活动。

在一次《制作面点》的活动中，有三位家长来到班上。活动刚开始时，三位家长不知所措，坐在后面听着我讲还有些紧张。随着活动的深入，家长们渐渐进入情境。孩子在制作面点的时候，家长主动指导幼儿做出小白兔、小蛇等造型，还教会孩子们如何包包子。活动结束后，三位家长反馈回来的信息是——通过参加这次活动，亲眼看到了幼儿在园里的活动，对幼儿园的工作有了进一步的了解。他们希望幼儿园多组织这样的活动，并愿意支持、帮助教师工作。

家长通过参与幼儿园的活动，改变了育儿观念，掌握了许多教育方法，他们开始和孩子建立起一种平等、民主的关系，并有意识地创造条件促进孩子持续发展。引导家长参与幼儿园的活动还为增进家庭亲情提供了条件和机会，使那些由于平日工作繁忙在有意无意中忽略了和孩子共处机会的家长能有机会与孩子互动，弥补了这种缺憾。作为教师，在组织这些活动时，由于经常接触家长，语言表达能力、组织协调能力、交往能力也有了明显的提高。同时家长对活动的建议促使我不断学习，丰富自己。在所有的活动中，受益最大的当属幼儿。活动中，孩子的自信心、个性、社会性得到良好的发展。

著名教育家陈鹤琴先生主张：在幼教改革中，根据时代的要求，结合实际情况，引导家长“介入”到教育过程中去，是实现幼儿园及其教师与家长合作，共同担负教育幼儿任务的重要方面。

实践证明，只要善于引导家长参与孩子的活动，促进孩子、家长和老师建立良好的关系，那么，家长就能成为教师的合作伙伴。这样，家园就能成为一个整体，更有效地促进幼儿全面主动的发展。

参考文献

1. 黄人颂. 学前教育学[M]. 北京：人民教育出版社，1989.
2. 虞永平. 学前教育学[M]. 南京：江苏教育出版社，1996.
3. 牟映雪. 学前教育学[M]. 北京：教育科学出版社，2012.
4. 张德才. 学前教育专业学生实习就业指导. 河南大学出版社，2007.
5. 崔干行著. 教育实习[M]. 广东人民出版社，2000.
6.《幼儿园教师专业标准》. 中华人民共和国教育部，2012.
7.《3—6 岁儿童学习与发展指南》. 中华人民共和国教育部，2012.
8.《幼儿园教育指导纲要》(试行). 中华人民共和国教育部，2001.
9.《幼儿园工作规程》. 中华人民共和国教育部，2016.
10.《武汉市幼儿园一日活动指南》(试行). 武汉市教育局，2014.

图书在版编目(CIP)数据

学前教育专业保教实习指导手册/卓萍,汤晓宁主编.—武汉:武汉大学出版社,2016.7(2021.1 重印)
应用型学前教育专业系列教材/蔡迎旗主编
ISBN 978-7-307-18202-8

Ⅰ.学… Ⅱ.①卓… ②汤… Ⅲ. 幼教人员—实习—职业教育—教学参考资料 Ⅳ.G615-45

中国版本图书馆 CIP 数据核字(2016)第 144994 号

责任编辑:谢群英　　责任校对:汪欣怡　　版式设计:韩闻锦

出版发行:**武汉大学出版社**　(430072　武昌　珞珈山)
(电子邮箱:cbs22@ whu.edu.cn 网址:www.wdp.com.cn)
印刷:湖北金海印务有限公司
开本:787×1092　1/16　印张:8　字数:174 千字　插页:1
版次:2016 年 7 月第 1 版　2021 年 1 月第 5 次印刷
ISBN 978-7-307-18202-8　定价:25.00 元